Ein Garten für den Menschen

Ein Garten für den Menschen

Künstlerische Zugänge

Herausgegeben von der Katholischen Akademie Trier

Paulinus

Die Deutsche Bibliothek – CIP-Einheitsaufnahme

Ein Titeldatensatz für diese Publikation
ist bei
Der Deutschen Bibliothek
erhältlich

1. Auflage 2001
Satz: *zwei* CICERO Satz & Layout, Trier
Umschlagmotiv: Alain Simon, Le rêve du poisson rouge
Druck: repa druck gmbh, Saarbrücken
ISBN 3-7902-0243-6

Inhaltsverzeichnis

Vorwort

Zum zweiten Mal standen im Jahre 2000 die Aktivitäten der Katholischen Akademie Trier im Bereich Kunst unter einem Jahresthema: »Gegen die Versteinerung« 1999, »Einen Garten für den Menschen« 2000. Eröffnet wird die Jahresreihe jeweils am Aschermittwoch der Künstler. Vernissagen, auch von Künstlerinnen und Künstlern der europäischen Nachbarregionen, Exkursionen und Vortragsveranstaltungen nehmen das Jahresthema auf. Ein besonderes Anliegen besteht darin, Studierenden einschlägiger Fachrichtungen an der Hochschule für Bildende Künste des Saarlandes und an der Fachhochschule Trier mit vorbereitenden Kolloquien und unterschiedlichen Projekten am Jahresthema zu beteiligen.
Die Kunst ist integraler Bestandteil der Akademiearbeit, die symbolische Vermittlung aktueller gesellschaftlicher Herausforderungen von besonderer Nachhaltigkeit. Dass die Aktivitäten der Akademie im Bereich Kunst von einem Beraterteam begleitet werden, ist Gewähr für eine kreative Weiterentwicklung. Es gehören ihm an: Guy Charlier, Bildhauer in Trier; Walter Hauth, Hauptabteilung Bau, Kunst des Bischöflichen Generalvikariates; Dr. Winfried Weber, Direktor des Bischöflichen Dom- und Diözesanmuseums Trier.

Trier, im August 2001

Herbert Hoffmann

Ein Garten für den Menschen

Wissenschaft und Technik haben dem Menschen zu einer ungeahnten Mobilität verholfen. In wenigen Stunden jettet der Zeitgenosse rund um die Erde. Inzwischen ist auch der Weg in den Weltraum frei. Gleichzeitig sind Millionen von Menschen auf der Flucht vor Hunger und Gewalt, auf der Suche nach einer neuen Existenz. Aber auch inmitten des Wohlstandes, ohne äußere Bedrohung, schwindet das Gefühl der Geborgenheit. Wo gehöre ich hin? Wo kann ich Wurzeln schlagen? Wo kann ich Mensch sein und Mensch werden?

Traditionelle Antworten auf die Ungesichertheit des Menschen haben an Überzeugungskraft verloren. Geblieben ist aber die Hoffnung, sich in einer künstlichen Welt nicht ganz zu verlieren: Der Erde anzugehören und doch aufgehoben zu sein in jenem Geheimnis, das wir Gott nennen. Dass die Geschichte des Menschen in einem Garten beginnt und sich in einem Garten vollendet, (Gen 2 und Offb) sagt etwas über sein Wesen: Nur verwurzelt ist er frei.

Alain Simon: Garten der Begegnung

Einführung von Herbert Hoffmann

So ist eine der drei Großcollagen überschrieben, mit deren Präsentation der Aschermittwoch des Jahres 2000 eröffnet wird. Der Künstler ist Jahrgang 1955, besuchte 1975–1980 die Kunstakademie in Metz, lebt und wirkt als Maler in Nancy und ist zugleich Professor an der Kunstakademie Epinal (Frankreich). Kennzeichnend für sein künstlerisches Schaffen ist die Einsicht, dass alles Leben kontingent ist, ergänzungsbedürftig und offen für neue Erfahrungen. Der Künstler sieht das Leben des Menschen ausgespannt zwischen Licht und Dunkel, zwischen Himmel und Erde. Der Mensch ist dazu berufen, sich dem Heute zu stellen.
Alain Simon entdeckt den Dominostein als Symbol für den Menschen in seiner Polarität und Verwiesenheit. Er wird zum Basiselement seines künstlerischen Schaffens. Er kann zwar für sich gedacht werden, ins Spiel aber kommt er erst, wenn er angelegt wird, mit anderen in Berührung kommt, wenn sich, wie im richtigen Leben, ein Ensemble ergibt, das weder planbar noch berechenbar ist. 50 x 100 cm messen die »Dominosteine«, die der Künstler zu großen Bildfamilien komponiert und an die vorgegebene Architektur anpasst. Sie unterscheiden sich in der Grundfarbe, die vom jeweiligen Thema bestimmt wird. Dass die Kunstwerke auf den Raum bezogen sind, an der vorgegebenen Architektur Maß nehmen, bringt auch den Betrachter in Bewegung. In drei Stationen greifen die Bildcollagen auf, was den Menschen in seiner Werdegestalt voranbringt: Die Vision, die liebende Begegnung, das Experiment. Alain Simon sagt selbst: Ce sont trois assemblages de peinture pour cultiver trois idées qui font le mouvement et le développement de la vie: le rêve, l'amour et l'expérience.

Le rêve du poisson rouge

Der Traum des roten Fisches nimmt Gestalt an an einem der hoch aufragenden Pfeiler im Foyer der neuen Aula. 4,75 m ist die Collage hoch und 1,00 m breit, das heißt sie besteht aus zehn Dominosteinen. Die aufsteigende Fülle an Vegetation, Blätter, Ranken in unterschiedlichen Grüntönen, sagt etwas über die Entwicklungsdynamik alles Lebendigen, dem Licht entgegen. Der Traum des roten Fisches – wir begegnen ihm an zwei Stellen und jeweils in einem Paar – besteht darin, einmal fliegen zu können. Alles Lebendige strebt nach entgrenzter Freiheit. Diese aber setzt organisches Wachstum voraus. Die unteren Elemente der Collage verweisen auf den Ursprung, auf Samenkörner, aus denen sich neues Leben entwickelt.

Le jardin de rencontre

Eine raumfüllende Bildfamilie gegenüber den Aulatüren. Die tiefe Decke vermittelt den Eindruck eines geschützten Raumes. Für Alain Simon ist es der geeignete Ort, miteinander ins Gespräch zu kommen. Begegnung und Austausch, die Chance, sich zu öffnen, der Ort persönlicher Anteilnahme: im vis-à-vis das Ansehen des Anderen genießen dürfen. Die Begegnung, der Austausch als Weg zur wechselseitigen Bereicherung. Der »Garten der

Begegnung« zählt 28 Elemente. Der Grundton ist erdrot. Denn von Adam ist die Rede, vom Menschen, der von der rotbraunen Erde genommen ist. Acht Menschen kommen ins Bild, jeder mit seiner dunklen und seiner lichten Seite. »Es sind die Menschen, so wie ich sie kenne, aus meiner unmittelbaren Nähe«, sagt Alain Simon. Die Begegnung von Menschen mit ihren Licht- und Schattenseiten eröffnet die Chance der Verwandlung.

Le jardin de l'expérience

Der Garten des Experiments. Auch diese Collage bedeckt eine große Wand in ihrer ganzen Höhe und Breite (4,75 m x 2,25 m) mit 36 Dominoelementen. Gelb ist der dominante Grundton. Die Collage besteht aus tierischen, pflanzlichen und mechanischen Elementen, die zueinander in Beziehung treten, sich miteinander verbinden. Der Betrachter trifft auf einen Garten, in dem der Mensch Erfahrungen sammeln, »erfahren« werden darf. Der Garten des Experiments ist, so Alain Simon, wie ein großes Heft, in dem eine Lektion nach der anderen zu lernen ist.

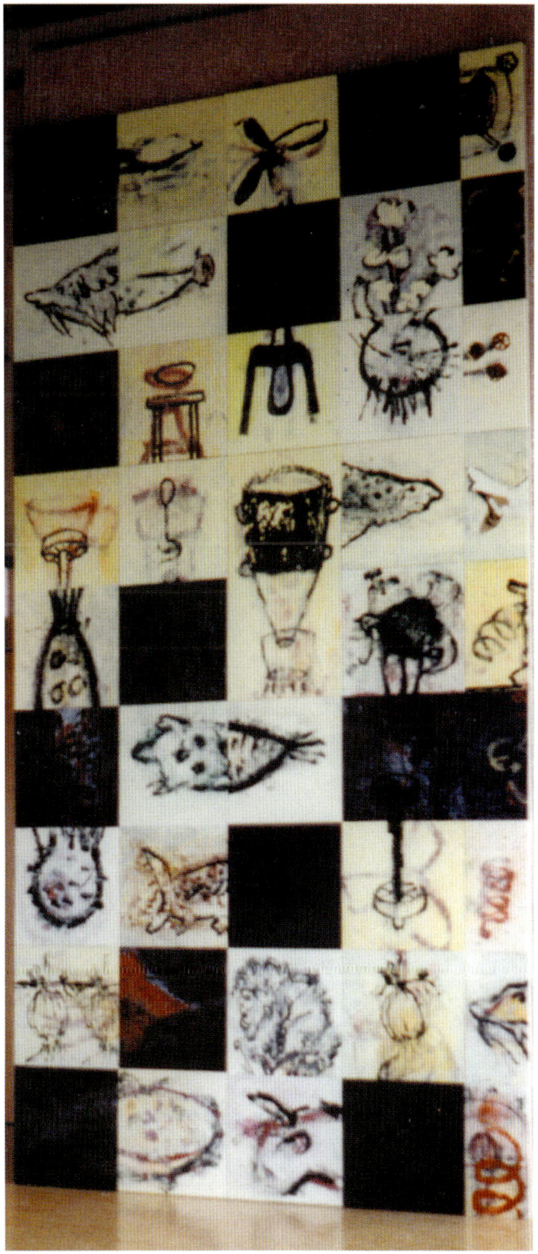

Einen Garten für den Menschen

von Elisabeth Schmitz

Als ich das Thema zum ersten Mal las, musste ich fragen: Was ist gemeint mit der Ankündigung »Einen Garten für den Menschen«? Wie bei einem bibelkundigen Christen nicht anders zu erwarten, fiel mir als erste Antwort die Schöpfungsgeschichte ein: Gott setzt den Menschen in den Paradiesesgarten; Paradiesesgarten verstanden als das vollendete Ergebnis göttlichen Schöpfungsvorgangs, in dem Gott das Chaos in Ordnung wandelte und diese von ihm geschaffene, heilbringende Lebenswelt dem Menschen zur Wohnung und Vollendung schenkte.

Unter dem Begriff Paradies sammeln wir nun alle Vorstellungen des leiblichen und geistigen Wohlbefindens, Vorstellungen von der Schönheit der Natur, von Flora und Fauna in stetigem Gedeihen, vom friedlichen Miteinander ohne Mühe und Plage, ohne Einfluss der irdischen Unbilden und der Mängel unserer täglichen Erfahrung, ohne Sterben und Vergehen.

Die Dichtung charakterisiert diesen paradiesischen Zustand als Idylle, gar als ideale Vision menschlichen Strebens überhaupt. Wir wünschen uns das Paradies auf Erden, obwohl wir zugleich von der Vergeblichkeit solchen Wünschens überzeugt sind.

Mittelalterliche Maler versuchten, diese ersehnte Seligkeit in einem Paradiesgärtlein auf Goldgrund darzustellen, in Mitten der Heiligen die Gottesmutter, oft gepriesen mit der Anrufung »du edler Rosengart« und damit eine Formulierung des Alten Testamentes aufnehmend, das die Braut im Hohen Lied als »Verschlossener Rosengart« bezeichnet. Die biblische Paradiesgeschichte zeigt aber auch eindringlich, dass menschliche Neugier und Anmaßung, die sich über die gegebene Seinsordnung hinwegsetzen mit dem Ziel, alles autonom und uneingeschränkt haben zu wollen, dass dieses maßlose, egozentrische menschliche Verhalten die Vertreibung aus dem Paradies, aus dem Garten Eden, unweigerlich nach sich zieht, in die Wildnis und Ode führt und den Menschen dem steinigen Acker des Leidens ausliefert. In moderner säkularisierter Version, jenseits eines Heilsglaubens, fand ich diesen Sachverhalt so formuliert: »Die Urtragödie des Menschen ist nicht, dass er einst aus dem Paradies vertrieben wurde, sondern dass er dort wieder hinein will. Die Urtragödie aber liegt darin, was er für das Paradies hält.« Wie stark unser Denken von der Sehnsucht nach dem Paradies durchdrungen ist und bleibt, zeigt sich besonders da, wo es um unsere ärgste menschliche Not, um unser Sein und Sterben geht; im Volkslied 637 aus »Des Knaben Wunderhorn«, das die Auslieferung aller Menschen an den Schnitter Tod besingt, heißt es am Ende sehr trostreich:

»Trutz, Tod; komm her, ich fürcht' dich nicht …
Tu deinen Schnitt!
Wenn er mich verletzet, so werde ich versetzet,
ich will es erwarten,
in den himmlischen Garten.
Freu dich, schön's Blümelein!«

Und da, wo es der Bibel um die Dimension des Leidens im unmittelbaren transzendenten Bezug geht, lässt sie Jesu Leid im Garten am Olberg beginnen und Jesus sein Auferstehungs-Grab in einem Garten finden.
Reden wir in unserem Alltag vom Garten, sind wir meist weit entfernt von solcher religiösen oder ästhetischen Bezüglichkeit. Woran denken wir, was meinen wir, wenn wir vom Garten sprechen? Das Wort selbst nach seiner Bedeutung befragt, verweist uns auf seine Etymologie. Diese sagt: Die Bezeichnung »Garten« ist verwandt mit dem Wort »Gurt« oder »gürten«. Bereits im Indogermanischen ist diese Wurzel vorhanden. Sie liegt mit ihrer Grundbedeutung »gürten« auch dem lateinischen »hortus« und dem griechischen »chortos« zu Grunde. Das hebräische Wort für Garten lautet »gan« und ist von dem Tätigkeitswort »ganan« mit der Bedeutung

Nell's Park, Trier

»schützen« abgeleitet. Denselben Sinn trägt das Wort »Paradies«, das aus dem Persischen stammt und den festumgrenzten Bezirk meint. Analog dazu versteht man unter diesem Wort im Indischen den eingefriedeten Raum, das Gehege, der oder das eine Hecke oder ein ähnlicher Schutz wie ein Gürtel umgibt. Es ist uns allen geläufig, dass die »Garde« zum besonderen Schutz eines Herrschers bestimmt ist und ihn in der Öffentlichkeit eng umgibt. Der Garten ist also der Bereich, den der Mensch der ungezähmten Natur abgewonnen und seinem überschaubaren Lebensbereich zugefügt hat. Dieses kultivierende Tun des Menschen, das Siedlung bewirkt, kommt noch in vielen Orts- und Städtebezeichnungen zum Ausdruck, zum Beispiel in den Städtenamen »Stargard«, »Belgrad« oder »Nowgorod«.
Also bedeutet »einen Garten gewinnen und anlegen« zugleich, sesshaft werden oder gar schon sesshaft sein, weil sich Säen und Pflanzen nur lohnt, wenn man auch

ernten kann; dazu aber muss man eine Weile am gleichen Ort bleiben und zuwarten können, also siedeln, um Garten und Saat gegen Verwilderung zu schützen und um geduldig auf die Reife und Ernte zu hoffen. Das neu gewonnene, umfriedete Stück Erde reizt zu sinnvoller Nutzung und verlangt auf Dauer gezielte Planung und kreative Gestaltung. Die verschiedensten Arbeitsweisen sind nötig, und dabei wachsen Erfahrung und Sachverstand in der täglichen Auseinandersetzung. Nicht von ungefähr zeigt zum Beispiel bereits der St. Gallener Klosterplan aus dem frühen 8. Jahrhundert die genau bedachte Anlage eines Gartens innerhalb der umfassenden Klostermauern mit eingeteilten Beeten und wechselndem Anbau, denn die Benediktiner tradieren in dieser frühen Zeit das Wissen und die Erfahrung der antiken Völker über den Gartenbau in den Westen. Byzantinische Gesandte erzählten zum Beispiel am Hofe Karls des Großen von den blühenden Gärten ihrer Kalifen, und in den mitgebrachten Handschriften zeigten zum Beispiel persische Miniaturen in größter Feinheit die mit Teppichen belegten Räume der Herrschersitze, die in geometrischer Stilisierung die Illusion der sommerlichen Gärten im Winter hervorrufen sollten. Dazu vermittelten die Mönche auch die präzisen Anweisungen für die Pflanzweise und die Pflege. So sind die Pflanzenlisten erhalten, die Karl der Große von den Benediktinern abschreiben und übersetzen ließ und für seine Landgüter zu beachten vorschrieb. Der Gartenplan von St. Gallen wird so zum Vorbild vieler Klosteranlagen, von denen neben der Missionierung auch die Kultivierung des Landes ausging. Das schönste deutsche Zeugnis dieser Bemühungen des Menschen um den Garten besitzen wir im »Lorscher Arzneibuch« von 795, in dem das Wissen um die Heilkraft bestimmter Pflanzen und deren Anbau zusammengestellt sind. Zu nennen ist auch die poetische Fassung von Gartenkunst und -nutzung von Walahfried Strabo, der in kunstvollen Hexametern sein Buch »Hortulus« in der klösterlichen Schreibstube auf der Mainau im 9. Jahrhundert aufschreiben ließ. Die Schriften der Hildegard von Bingen über die Pflanzenmedizin sind sogar heute wieder sehr beachtet.

Fragt man, warum den Benediktinern der Klostergarten so wichtig war, so erwächst die Antwort aus dem Ordensgeist selbst. Denn gerade im Klostergarten ließ sich die benediktinische Regel »ora et labora« unmittelbar verwirklichen. Die »vita activa« und die »vita contemplativa« konnten hier ihren sichtbaren Ausdruck finden. Albertus Magnus sieht in seinem Gartenplan für das Kölner Kloster sogar ein Stück Rasen mit einer Gartenbank vor, die von Blumen umpflanzt ist, auf der man »ergötzlich ausruhen kann«.

Diese Ergänzung von Natur und Besinnung, gar von Meditation, findet sich noch heute ausgeprägt im Karthäuserorden. Jeder Mönch hat neben seiner Zelle einen kleinen Garten, der ihm zur freien Bepflanzung übergeben ist und der zum Ausgleich für geistige Übungen dienen soll. Dazu gibt es aus dem Orden selbst folgende Redensart: »Ein Optimist setzt Rosen, ein Pessimist Gemüse, ein Realist lässt Gras wachsen.« Durch das ganze Mittelalter hindurch bis hin zur frühen Neuzeit dokumentiert sich die Bedeutung des Gartens für den Menschen in vielerlei Zeugnissen. Diese geradezu elementare Beziehung ist ungemein vielgestaltig und existenziell. Grundnahrung, Heilkraft, Kleidung und Schmuck erwachsen dem Menschen aus dieser Verbindung mit der Natur. Die differenzierte Beobachtung der verschiedenen Stadien des Pflanzens, Knospens, Aufblühens, Verblühens, Welken und Reifens vermehrte nützliche Erfahrung und zugleich den ästhetischen Genuss. Gerade diesem genießenden Aspekt widmet sich auch die Kunst in besonderer Weise. Als Beispiel sei das in seiner Zeit besonders gerühmte Gemälde der Brüder van Eyck um 1432 erwähnt, das in einer flämischen Kapelle die ganze Decke ausfüllte, offiziell als »Garten des Lammes« ausgewiesen, von den Malern selbst aber »Lustgarten« genannt wurde. Ahnlichen Intentionen bewegten wohl auch den Fürstbischof von Eichstätt, der 1613 einen Prachtgarten anlegen ließ; in seinem heute wieder neu aufgelegten Buch »Hortus Eystettensis« legte er Pflanzenauswahl und -anlage seines Gartens genau fest und sagte: »… er sei eine Zierde der Erde, ein Auge unter den Gärten, wetteifernd mit der Morgenröte und lächelnd mit dem Zephir …« In solcher Lobpreisung spürt man bereits etwas von dem persönlichen Ansehen, das besonders barocke Gärten ihren Herren bringen sollten. Eine besonders enge Verbindung von Garten und Architektur erleben und genießen wir in den Schlossgärten. Was wären die Herrensitze der Renaissance in Norditalien, die Schlösser an der Loire ohne ihre großzügigen Gartenanlagen, akkurat bepflanzt mit schwingenden Arabesken in grün und kunstvoll beschnittenen Bäumen und Sträu-

Nell's Park, Trier

chern, die die goldüberzogenen Voluten und Füllhörner aus dem Innern der Prachträume draußen fortsetzen! Statt der Eroten und Putten an Decken und Wänden tritt im Garten die ganze klassische Götterwelt in kunstvoll gebildeten, figuralen Arrangements auf. Was wären Mozarts Opern ohne die reizvollen Rokoko-Gärten, in denen man sich zu tändelndem Schäferspiel einfindet?

Ein weiteres Element, das unabdingbar zu diesen Prachtgärten gehört und das schon in den vier Strömen des Paradieses erwähnt ist, ohne welches es kein Wachsen und Blühen gäbe, hat gerade die barocke Gartenkunst effektvoll genutzt, nämlich das Wasser, das Element der lebendigen Bewegung, der natürliche Spiegel des Lichtes. In seiner sich ständig verändernden Gestalt bietet es den reizvollen Wechsel im Gegensatz zum wohl dressierten Grün des Barock-Gartens. Diese barocken Lustgärten hatten nichts gemein mit den Widrigkeiten des gewöhnlichen Lebens. Sie dienten zur Prachtentfaltung und zum Ausweis der Größe barocker Herrscher.

Ehemaliger Abtsgarten, Klausen

Mit der Repräsentation der eigenen Größe setzten diese die Gewohnheiten antiker Herrscher fort: Besonders Ägypter und Assyrer pflegten auch solchen Gartenluxus. Bis heute wissen wir von den »hängenden Gärten« der assyrischen Königin Semiramis aus dem 9. Jahrhundert vor Christus. Durch ihre terrassenförmige Anlage, die Vielfalt der blühenden Pflanzen und die kunstvollen Wasserspiele zählten sie zu den viel gerühmten sieben Weltwundern der antiken Zeit. Die schönste und reichste Grabkammer, die im ägyptischen Theben ausgegraben wurde, war für den Gärtner des Pharao Senufer bestimmt und wie eine lebendige Gartenlaube kunstvoll mit Zweigen, Blättern und Blüten ausgemalt.

Im Gegensatz zu diesen künstlich geformten, die Natur ganz unter den menschlichen Willen zwingenden Repräsentationsgärten, gibt es auch andere, vom Menschen bewusst gestaltete Gärten mit eigenem Charakter. Ich denke an den »Englischen Garten«, der sich gerade durch seine Abkehr vom Überformen der Natur und durch das Aufbrechen der begrenzenden Mauern auszeichnet. Er bezieht weiträumig Landschaft mit ein, setzt bewusst einzelne Bäume zur vollen Entfaltung eigener Art auf freie Grünfläche und lässt Wasser und Wegen den natürlichen Lauf. Der Englische Garten hatte seine große Zeit im Ausgang des 19. Jahrhunderts und verdankt seine Verbreitung im Anfang des 20. Jahrhunderts dem weltweiten britischen Empire. Noch heute ist die englische, auf hohem Niveau stehende Gartenbaukunst von dieser Gestaltungsform bestimmt. Auch eine andere Gartenform ist uns charakteristisch für eine fremde Kultur geworden; ich denke an den »Japanischen Garten«. Es gibt kaum noch eine große Gartenschau, die sich nicht um die strengen Stilgesetze japanischer Gartenkunst bemüht, welche neben ausgewählten Pflanzen und ihrer bedeutungsvollen Anordnung, vor allem Wasseradern mit zerbrechlichen Stegen und viele kleine und große Steine in ihrer naturgegebenen Form zu einem kunstvollen Ganzen zusammenfügt. Es bedarf schon eines eingehenden Studiums, um die ganze symbolische Bedeutung dieser sinnvollen japanischen Arrangements zu erfassen, die ja Ausdruck eines bestimmten Lebensgefühls in einer spezifischen Kultur sind. Im Blick auf den Garten geht die Literatur selbst noch einen Schritt weiter. Ihr gerät die Beschreibung von Garten gar zum Ausweis und zur Charakterisierung des Menschen selbst. Von vielen möglichen Belegen möchte ich nur einige bedeutungsvolle anführen. So lässt zum Beispiel Goethe in seinem Werk »Die Wahlverwandtschaften« durch die unterschiedlichen Vorschläge zu einer neuen großzügigen Schlossgartengestaltung die verschiedenen Aspekte von Frau und Mann in der Beziehung zur Natur offenbar werden.

Fürst von Pückler, der mit seiner Park- und Gartenanlage im 19. Jahrhundert vorbildhaft wurde, greift diesen Gedanken in seinen Überlegungen zum Gartenbau auf und schreibt: »... der Garten soll so ausgeschmückt sein wie die verschiedenen Salons im Inneren des Hauses ... gestaltet nach dem Geschmack des Mannes, aber am allerbesten nach der Liebliches schaffenden Einbildungskraft der Frau.

Goethe, der sich während seines ganzen Lebens intensiv mit der Natur befasste, hat das innige Verhältnis zu allem Wachsendem – das Wort »Entwicklung« verdanken wir ihm – bereits im Frankfurter Familiengarten bei seinem gärtnerndem Vater entwickelt. Dazu sein Gedicht aus den Nausikaa-Fragmenten:

Nausikaa-Fragmente

In meines Vaters Garten soll die Erde
Dich umgetriebnen vielgeplagten Mann
Zum freundlichsten empfangen …
Das schönste Feld hat er sein ganzes Leben
Bepflanzt, gepflügt und erntet nun im Alter
Des Fleißes Lohn, ein tägliches Vergnügen.
Dort dringen neben Früchten wieder Blüten,
Und Frucht auf Früchte wechseln durch das Jahr.
Die Pomeranze, die Zitrone steht
Im dunklen Laube, und die Feige folgt
Der Feige … beschützt ist rings umher
Mit Aloe und Stachelfeigen …,
Dass die verwegne Ziege nicht genäschig

Dort wirst du in den schönen Lauben wandeln,
An weiten Teppichen von Blumen dich erfreun.
Es rieselt neben dir der Bach, geleitet
Von Stamm zu Stamm. Der Gärtner tränket sie
Nach seinem Willen …

War das Verhältnis Goethes zu Garten und Natur zeitweise stark wissenschaftlich und nützlich bestimmt, einmal durch sein Forschen nach der Urpflanze und ihrer Metamorphose, zum anderen weil er als Staatsminister in Weimar auch die Wirtschaft im Auge behalten musste, so zeigen uns die Romantiker noch eine andere Seite des Naturerlebens. Als Beispiel einige Aussagen von Wilhelm Heinrich Wackenroder in seinem Artikel: »Von zwei wunderbaren Sprachen«:

»Seit meiner frühen Jugend her, da ich den Gott der Menschen zuerst aus den uralten heiligen Büchern unserer Religion kennen lernte, war mir

die Natur immer das gründlichste und deutlichste Erklärungsbuch über sein Wesen und seine Eigenschaften. Das Säuseln in den Wipfeln des Waldes und das Rollen des Donners haben mir geheimnisvolle Dinge von ihm erzählet, die ich in Worten nicht aufsetzen kann.

Diese Dinge haben in meinem inneren Gemüte mehr wunderbare Regungen zuwege gebracht, haben meine Geist von der Allmacht und Allgüte Gottes inniger erfüllt, und meine ganze Seele weit mehr gereinigt und erhoben, als es je die Sprache der Worte vermag. Sie ist, dünkt mich, ein allzu irdisches und grobes Werkzeug, um das Unkörperliche, wie das Körperliche, damit zu handhaben.

Ich finde hier einen großen Anlass, die Macht und Güte des Schöpfers zu preisen. Er hat um uns Menschen eine unendliche Menge von Dingen umhergestellt, wovon jedes ein anderes Wesen hat, und wovon wir keines verstehen und begreifen. Wir wissen nicht, was ein Baum ist; nicht, was eine Wiese, nicht, was ein Felsen ist; wir können nicht in unserer Sprache mit ihnen reden; wir verstehen nur uns untereinander. Und dennoch hat der Schöpfer in das Menschenherz eine solche wunderbare Sympathie zu diesen Dingen gelegt, dass sie demselben, auf unbekannten Wegen, Gefühle, oder Gesinnungen, oder wie man es nennen mag, zuführen, welche wir nie durch die abgemessensten Worte erlangen.

Einen nochmals anderen Aspekt führt uns Stifter in seinem »Nachsommer« vor Augen. Es geht ihm bei der Art der Gartenanlage und der Bearbeitung darum, dass die Bedürfnisse von Pflanzen und Tieren genau beachtet werden und einem natürlich sich ergänzenden Miteinander vertraut wird, das durch den unbedachten Eingriff des Menschen nur zerstört werden kann. Ihm, Stifter, wird dieses bewahrende, geduldige Umgehen mit dem Garten zum Vorbild für ein harmonisches, in Geduld reifendes menschliches Miteinander.

Neben diesen anspruchsvollen literarischen Beispielen führe ich noch eine bescheidenere, aber sehr liebevolle Beziehung von Mensch und Garten an, die Carl Zuckmayer in einem Gedicht eingehend dargestellt hat. Es trägt den Titel:

Das Bahnwärtergärtlein

Bahnwärter sein, ein Wunsch aus Kindertagen:
Wenn abends rast der letzte Zug vorbei
und hinterm Walde wie ein Angstgeschrei
verschluckt wird von des Berges Maul und Magen,
Dann tritt der Schrankenwärter vor sein Haus,
noch schwebt vom Kohlenrauch ein zarter Nebel.
Die Schiene klirrt – metallisch klickt der Hebel.
Er knipst die rote Weichenlampe aus
und gießt im Schein des roten Dämmerlichts
sein Stückchen sonndurchwärmtes Gartenland
und häufelt ernst und heiteren Gesichts
die feuchte Erde mit besorgter Hand.
Dem, der im D-Zug viele Länder streift,
fällt es am Fenster lehnend oftmals auf,
dass nirgendwo die Frucht so üppig reift
und Blatt und Blüte wuchern so zu Hauf …
Wie schießt der Lauch, wie wiegen sich die vielen
gefüllten Malven auf den schwankenden Stielen!
Wie klettern kleine Rosen hoch empor,
wie leuchtet Riesenmohn und Lilienflor!
Tomatenpflänzchen, kaum erst ausgetopft
sind am bemalten Gitter hochgebunden,
und edle Zweiglein, ins Spalier gepfropft
mit Bast und Baumwachs schonungsvoll umwunden.
Kein Blatt von Rost und Flecksucht angekränkelt,
kein Biss im Kohl, kein Schnecklein im Salat …
Ist es ein Zauber, der hier wirkt und treibt?
Der Erde Zittern – wenn die großen Züge
zur Ferne hasten – und die Selbstgenüge
des guten Wächters, der im Lande bleibt?

Dieses Gedicht zeichnet einen fast idyllischen Zustand, der in unserer schnellen Zeit bereits der Vergangenheit angehört. Entgegen aller Erwartung lässt sich jedoch zurzeit bei uns ein Trend beobachten, der unter dem Ruf: »Zurück zum Ursprünglichen« wieder eine Gartenart in Mode bringt, die mit dem Schwinden der erdverhafteten, bäuerlichen Kultur verloren zu gehen schien, nämlich den »Bauerngarten« mit seinen Kräutern, Gewürzpflanzen, den die Jahreszeiten kennzeichnenden Blumen die in Beeten standen, von Buchs umwachsen, den man am Palmsonntag zum Strauß band, um ihn segnen zu lassen. Dieser Garten war das Arbeitsfeld der Bäuerin, die ihren Beitrag zum Unterhalt der Familie darin gewinnen konnte, aber zugleich, über den Nutzen hinaus, mit den Blumen etwas zur eigenen und anderen Freude wachsen ließ. Gerade diese Paarung von Nutzen und Zwecklosigkeit unterscheidet den alten Bauerngarten von der nach rein ökonomischen Gesichtspunkten angelegten Plantage, die nur auf Gewinn zielt. Die neuere Gartenliteratur weist eine beachtliche Reihe von ästhetisch anspruchsvollen und mit viel Sachverstand gestalteten Büchern auf, die tradiertes Wissen im Sinne mittelalterlicher Gartenanweisungen und bäuerlicher Pflanzregeln wieder aufgreifen.
Die Freude, die aus der Arbeit im Garten erwächst, hat wohl auch Mitte des 19. Jahrhunderts den Arzt Dr. Schreber bewegt, am Rande der wachsenden Großstädte für die Fabrikarbeiter ein Stück Erde zu verlangen, um diesen, nach der maschinell bestimmten Eintönigkeit des Fabrikalltages die Möglichkeit des ausgleichenden Tuns im Freien zu eröffnen und um ihnen einen wesentlichen Lebensvollzug naturverbundenen Menschseins zu bewahren.
Nicht von ungefähr lässt man psychisch Kranke oder Entwurzelte im Garten arbeiten, weil man sich von diesem natürlichen Tun eine ordnende und Halt gebende, gar heilende Einwirkung auf das Gemüt dieser Menschen verspricht.
Kehren wir zum Ausgangspunkt der Überlegungen zurück und überblicken die verschiedenen Erscheinungsformen von Gärten, so lässt sich erkennen: Garten und Mensch, Mensch und Garten stehen in einem existenziellen Zusammenhang. Da, wo sich ein Garten findet, ist er ein Hinweis auf den, der ihn angelegt hat, und in der Art, wie er sich darbietet, ist er ein Ausweis dafür, wie sich Mensch und Natur aufeinander beziehen. Denn die Intention, einen Garten anzulegen, ist sowohl ku-

linarischer wie ästhetischer Qualität. Augen- und Gaumenschmaus schließen sich hierbei nicht aus, sondern motivieren und stärken wechselseitig das ständig notwendige Mühen und Arbeiten. In diesem Wechselbezug muss der Mensch auf die Eigenart, die Beschaffenheit und die Struktur der vorgefundenen Natur eingehen, sie respektieren, wenn er ihr aus eigener Kreativität eine angemessene Gestalt geben will. Die Auseinandersetzung um den Standpunkt »gedeihen und wachsen lassen« auf der einen Seite und »eingreifen und regulieren« auf der anderen setzt sich in philosophischen Ansichten und in den Überlegungen zu Menschenerziehung und -führung bis heute fort. Das einmalige Verhältnis Natur – Mensch, in dem der Mensch Teil der Natur ist und ihr zugleich bewusst gestaltend gegenüber steht, hat Rainer Kunze, der ostdeutsche Dichter, auf eine höchst hintergründige Weise zum Ausdruck gebracht.

Die Liebe
ist eine wilde rose in uns
Sie schlägt ihre wurzeln
In den Augen, wenn sie dem blick des geliebten begegnen
Sie schlägt ihre wurzeln
in den wangen, wenn sie den hauch des geliebten spüren
Sie schlägt ihre wurzeln
in der haut des armes,
wenn ihn die hand des geliebten berührt
Sie schlägt ihre wurzeln,
wächst wuchert,
und eines abends
oder eines morgens
fühlen wir nur:
sie verlangt
raum in uns
Die liebe
Ist eine wilde rose in uns,

unerforschbar vom verstand
und ihm nicht untertan
Aber der verstand
ist ein messer in uns
zu schneiden der rose
durch hundert zweige
einen himmel.

Wenn wir uns heute immer weiter und intensiver in virtuelle Welten begeben und dort unsere Lebens- und Arbeitsmöglichkeiten suchen und gestalten, so kann man nur wünschen und hoffen, dass der ursprüngliche Bezug zum unmittelbaren Leben, wie es uns in einem Garten verantwortlich angeboten und geschenkt ist, zum Ausgleich für diese künstliche Welt erhalten bleibt; denn Plastikblumen, täuschend ähnlich der Natur nachgeformt, sind nur erstarrte Schönheit, die verstaubt zu lästigem Müll wird, ohne Verblühen, ohne Samen. Virtuelle Blumen vermögen zwar unsere Sinne zu täuschen – aber Zeichen des Lebendigen sind sie nicht.
Für den lebensvollen Bezug: Garten – Mensch – Natur soll abschließend ein Gedicht von Bert Brecht stehen:

Blumengarten

Am See, tief zwischen Tann und Silberpappel
beschirmt von Mauer und Gesträuch – ein Garten
so weise angelegt mit monatlichen Blumen
dass er von März bis zum Oktober blüht.
Hier, in der Früh, nicht allzu häufig, sitz ich
und wünsche mir, auch ich möchte allezeit
in den verschiedenen Wettern, guten, schlechten
dies oder jenes Angenehme zeigen.

Thierry Devaux: Paradiesgarten

Einführung von Herbert Hoffmann

Eine Entdeckung: Am Stadtrand von Nancy wird eine kleine Kirche aus den sechziger Jahren des letzten Jahrhunderts wieder profanisiert. Was bleibt, ist die Altarinsel unter dem spitz zulaufenden Turmdach mit zwei umlaufenden Stufen und einem hohen Steinblock, der seine Funktion als Altartisch verloren hat. Geblieben ist auch die Vertiefung, in die einmal der Altarstein eingefügt war. Der Raum steht heute Künstlern zur Verfügung. Einer von ihnen ist Thierry Devaux, Jahrgang 1959, geboren in Lunéville in Frankreich. Seit 1992 hat er sich in Frankreich, in Luxemburg und in Deutschland als Künstler und Autodidakt einen Namen gemacht mit Einzelausstellungen und Beteiligung an Gruppenausstellungen. Zu seinem künstlerischen Wirkungsfeld gehören Schulen, Gymnasien und Universitäten. Ein Besuch in seinem Atelier in Champigneulles, nahe Nancy lässt erahnen, was den Künstler bewegt und wie er den Menschen an der Jahrtausendwende sieht. Seine Installationen, nicht selten aus purem Schrott, geben Einblicke, Hinweise, Andeutungen zur Labilität der menschlichen Existenz, der Brüchigkeit, die immer wieder Anlass dafür ist, Ballast abzuwerfen, Bodenkontakt zu bekommen, auf der Erde zu bleiben, aber nicht der Erde verhaftet.

Zurück zur Entdeckung. Beim Betreten des profanisierten Kirchenbaus fällt der Blick auf einen verrosteten und verzogenen Eisenträger, der mit weit in den Raum hineinreichenden Drahtseilen auf den Altarblock gespannt ist. Die Enden des Trägers sind zudem mit Drahtseilen an der Decke befestigt. Er stammt vom Gerippe eines gesunkenen Bootes und wurde nach Jahrzehnten an Land gezogen. In den Raum hineingestellt, werden Konturen einer Barke erkennbar. Was zugrunde ge-

gangen war, trägt die Gestalt von etwas Neuem in sich. Ein österliches Symbol an der Stelle, wo andere ausgelöscht oder beseitigt worden sind. Wer zu den Konturen des Neuen hinaufsteigen will, hinterlässt Spuren auf den mit feinem Sand bestreuten Treppenstufen.

Die Barke wird auch zum beherrschenden Symbol der Ausstellung im Robert-Schuman-Haus. Sie steht für den Wagnischarakter der menschlichen Existenz zwischen Sicherheit und Ungesichertheit, zwischen Hoffnung und Verzweiflung im Kontinuum der Geschichte. Ex oriente lux, aus dem Osten kommt das aufsteigende Licht. Aus dem Westen, so möchte man sagen, die Einsicht in die Kontingenz und Brüchigkeit menschlicher Existenz, verbunden mit der Hoffnung, dass die

Nacht vorübergeht. »Westler« wurden im alten Ägypten die Toten genannt, die man westlich des Nils, also im Land der untergehenden Sonne beerdigte. Von hier aus waren sie eingeladen, in die Barke des Sonnengottes Re einzusteigen, mit ihm allmorgendlich zu neuem Leben aufzuerstehen.

Thierry Devaux ruft mit seinen Installationen in den Paradiesgarten hinein: Mensch, wo bist du? Was trägt dich, was hält dich, was hast du hinter dir und noch vor dir? Was wird aus deiner Sehnsucht, aufzusteigen zum Licht? Die Barke steht für das Unterwegssein des Menschen, für die Urerfahrung, die sich in allen Kulturen und Religionen spiegelt, dass es für den Menschen keine bleibende Stätte gibt. Sie steht aber auch für das, was den Menschen trägt und voranbringt, ohne zu wissen wie. Gleich drei Mal begegnet im Paradiesgarten der neuen Architektur des Hauses die Barke: im Lichtgraben, auf dem Zwischendeck und an der Wand gegenüber dem Aulaeingang. Ferner auf großflächigen Bildern am Treppenabgang. Auf die Frage, was ihm das Bild der Barke sage, antwortete ein Besucher der Vernissage: »Menschliche Existenz gibt es nur als in Bedrohung bewahrte.« Dies spiegelt sich ebenso in den Paradiesgeschichten wie in den prophetischen Hoffnungsbildern und in den Vätergeschichten. Dies spiegelt sich auch im Bild der Arche, die bereits einen Neubeginn in sich birgt. Die Flut wird nicht das letzte Wort behalten. Thierry Devaux weiß um die Bedrohtheit und die Bedürftigkeit menschlicher Existenz, um das mögliche Scheitern und Gelingen. Die Barke aber transportiert nicht das Blaue vom Himmel, sie steht für das Vertrauen, dass die Hoffnung des Menschen gegen den Anschein der Verhältnisse nicht grundlos ist, nicht ins Leere geht.

Ein Blick zurück: Vor dem Zelt des Gedenkens an die sechs Millionen ermordeten Juden in Yad Wa Shem steht ein kleines Fischerboot, eine Barke, in der in der Stunde tödlicher Bedrohung Menschen in Sicherheit gebracht wurden, aus Dänemark nach Schweden, bei Nacht. Es gibt sie also, die Sonnenbarken, die zum Einsteigen einladen, dem Licht entgegen. Das Paradies ist da, wo sich Menschen im Angesicht des Todes in guten Händen wissen.

Der Künstler gewährt auch Einblick in seinen persönlichen Sternenhimmel, frei erfundene Sternkonstellationen auf Bildtafeln auf einem tiefblauen Grund. Am

Boden unter den Bildtafeln eine Rinne mit Sand gefüllt. Darauf goldene Splitter, die sich von den Sternen abgelöst haben. Sie sind zur Erde gefallen, ohne zu »verglühen«. So suchen Menschen im Kontinuum der Zeit das Beständige.
Tenter l'envol nennt Thierry Devaux die abgebildete Installation. Zum Fliegen ansetzen, aber am Fliegen gehindert werden. Eine weitere Erfahrung im Paradiesgarten. Die Leichtigkeit der Flügel nach allen Seiten ausgestreckt, darf nicht darüber hinweg täuschen, dass die Erdung für das Leben bestimmend ist. Was den Flügel tragenden Würfel aus Stein nach unten bindet, ist diesem nicht äußerlich. Es reicht bis zur Mitte und durchzieht diese. Hier die unbändige Sehnsucht nach Freiheit, die Leichtigkeit des Gedankens und der Hoffnung, die alle Grenzen überwindet, dort die geschöpfliche Realität, alles, was dem Menschen an Begrenzung und Spannung widerfährt. Dass die wie über einen Steg gespannten Drähte an ein Saiteninstrument erinnern, ist nicht beabsichtigt. Aber besteht nicht gerade darin die Musik des Lebens, dass sie auf Kontrapunkte aufbaut? Ein Paradiesgarten ohne schöpferische Spannung wäre kein Paradiesgarten, sondern ein Friedhof.

Bertrand Ney: Shintai

Einführung von Herbert Hoffmann

Bertrand Ney, geboren 1955 in Rodemack, studierte von 1978 bis 1985 an der École Nationale des Beaux-Arts in Nancy und an der École Nationale Supérieure des Beaux-Arts in Paris. Seitdem hat er zahlreiche Einzelausstellungen durchgeführt oder war an Gruppenausstellungen beteiligt in Luxemburg, Frankreich, Deutschland, Belgien, Finnland, Norwegen, Russland, Griechenland und Dubai. Auch am Symposion »Steine an der Grenze« im Saargau war er beteiligt.

Wer Bertrand Ney und sein Opus kennenlernen will, sollte ihn in seinem Atelier und dem angrenzenden Skulpturengarten in Berchem (Luxemburg) besuchen. Wer das Wohnhaus und die Ausstellungsräume verlässt, geht zunächst auf eine hohe, helle Granitsäule zu. Seitlich davon ein etwa 20 Tonnen schwerer Steinblock aus dunklem Granit. »Ich konnte und wollte diesen Stein nicht verändern«, sagt Bertrand Ney. So hat er seine äußere Gestalt und Oberflächenstruktur nicht bearbeitet, ihn aber der Länge nach aufgeschnitten. Ein Schnitt von wenigen Millimetern Breite, kaum sichtbar. Wer näher an den Steinkoloss herangeht, entdeckt, dass der Künstler ihn auch der Länge nach durchbohrt hat.

Im hinteren Bereich des Skulpturengartens zwei Karyatiden aus einheimischem gelblich-braunem Muschelkalk-Sedimentstein, eine mit quadratischem Querschnitt, die andere mit dem eines griechischen Kreuzes. Porös und körnig ist der Sandstein, eine Eigenheit, die durch die künstlerische Bearbeitung noch deutlicher zu Tage tritt.

Ein paar Schritte weiter, am Boden, seltsame Gebilde aus anthrazitfarbenem Gestein aus Südafrika. Ein markanter Kontrast zu den vorgenannten Skulpturen und

Plastiken. In der Mitte dieser Gebilde sorgfältig herausgearbeitete polierte Würfel, mit »Flügeln«, die wie angesetzt wirken, obschon sie zum Stein selbst gehören. »Ich wollte sehen«, sagt der Künstler, »wie weit man gehen kann, wie viel Spannung ein solcher Stein aushält, wenn er bearbeitet und umgestaltet wird, bevor etwas bricht oder gar zusammenbricht.«
Charakteristisch für Bertrand Ney sind eher die erstgenannten Plastiken und Skulpturen. Sie sagen etwas über den ungeheuren Respekt, mit dem sich der Bildhauer dem Stein nähert. Klein oder groß, aus seiner Umgebung herausgebrochen oder nur aufgefunden, ist er mehr als bloßes Material. Der Stein mit seiner urei-

genen Geschichte wird zum Gegenüber des Künstlers. Über Jahrmillionen hat er durch Druck, Hitze oder Kälte dramatische Zeiten der Umgestaltung erlebt, dann auch wieder ruhigere Zeiten, nur der Gestaltungskraft des Wassers und des Windes ausgesetzt. Ein Stein mit einer individuellen Geschichte, Dichte, Farbigkeit, Belastbarkeit und Aussagekraft als Gegenüber des Künstlers. Und dieser gleichsam in der Rolle einer Hebamme, die zur Welt bringt, was sie nicht selbst ist, was unabhängig von ihr Gewicht hat, Würde und Eigensein, die ans Licht bringt, was verborgen war, den Augen des Betrachters entzogen, in statu nascendi. Wir begegnen in Bertrand Ney einem Künstler, der dem Unscheinbaren Bedeutung verleiht, es auf den Sockel hebt, ans Licht bringt, was vordem übersehen und übergangen wurde. Der Künstler als einer, der zum Sprechen bringt, was nichtssagend war, der dem Geheimnis, das dem Stein innewohnt, Ausdruck verleiht.
Auf diesem Hintergrund sind die sieben Steingebilde zu betrachten, die der Künstler in seiner Vernissage auf den Sockel hebt. Shintai nennt er sie. Sieben an der Zahl, nach der Zahlensymbolik der alten babylonischen und israelitischen Religion vor ca. 3 000 Jahren die Zahl der Vollkommenheit, der Fülle und Ganzheit. Die Griechen haben später diese Bedeutung übernommen. Man zählte sieben Planeten, die für die Unendlichkeit und Vollkommenheit des Universums stehen. Dann der siebenarmige Leuchter, zentrales Symbol des Judentums, das uns den Sabbat, den siebten Tag als Ruhetag beschert hat. Schöpfung vollendet sich in der Schöpferruhe, im schöpferischen Aufatmen und Durchatmen. Auch die christliche Tradition nimmt diese Zahlensymbolik auf. Sieben Sakramente gibt es, sieben viel versprechende Zeichen entlang des Weges, den der Mensch geht zwischen Geburt und Tod. Eine biblische Geschichte erzählt, dass 4 000 hungernde Menschen von sieben Broten satt werden (Mk 8,1 ff). Im Brotbrechen bahnt sich der Schalom Gottes an: Brot für alle, Gerechtigkeit für alle. Sieben Gebetszeiten gliedern den Alltag in der benediktinischen Mönchsgemeinschaft. Sieben Mal durchatmen, den sieben Gaben des Gottesgeistes Raum schaffen, Freiräume auftun für eine schöpferische Ausrichtung und Bewältigung des Lebens. Nicht sieben Mal, sondern 70 Mal sieben Mal zur Vergebung bereit sein, heißt es (Mt 18,22), uneingeschränktes Entgegenkommen als Weg zum Frieden. Gibt es dazu eine Alternative?

In den sieben Shintai von Bertrand Ney begegnen wir pars pro toto der gesamten erdgeschichtlichen Entwicklung. Das Wort »Shintai« ist abgeleitet von Shinto beziehungsweise Shintoismus, der Religion der Japaner und Chinesen, der Verehrung von Gegenständen und Kräften der Natur, die man sich beseelt vorstellt. Das Wort »Shinto« setzt sich zusammen aus shin (Gott) und to (Weg, Lehre). Es geht also um den Weg zu Gott beziehungsweise einen Weg im Sinne Gottes. Jahrhunderte lang diente in Japan der Shintoismus der Legitimation politischer Macht. Die Sonnen-

göttin Amaterasu galt als Stamm-Mutter des Kaiserhauses. Darum genießt der Kaiser, der Tenno (Himmelsherr) quasi göttliche Verehrung. Genauer gesagt, er genoss sie, bis nach der Niederlage Japans im Zweiten Weltkrieg der politische Shintoismus als Staatsreligion suspendiert wurde. Bestehen blieb der Shintoismus als Privatreligion, deren Grundüberzeugung auch von Bertrand Ney in seinen Shintai geteilt wird: Den Dingen der Natur eignet eine Würde, die zu achten ist.

So hat sich Bertrand Ney denn auch mit den aus Schieferquarzit bestehenden Shintai zunächst angefreundet. Ihre ursprüngliche Gestalt, ihre ursprünglichen Bruchflächen und Schichtungen, horizontale und vertikale, wurden bestimmend für seine künstlerische Bearbeitung. So kantig und abweisend der ein oder andere Stein vordem auch war, der Künstler hat sich einen um den anderen vertraut gemacht, ihn an der Oberfläche poliert. So fühlt sich der Betrachter geradezu eingeladen, die polierten Flächen zu berühren, mit dem Kontakt aufzunehmen, was einmal irgendwo als Rohmaterial lag, dann aber in seiner Ursprünglichkeit und Schönheit ans Licht gehoben wurde. Man muss sich die »Shintai« genannten Steine keineswegs im Sinne des Shintoismus als beseelt oder als Sitz des Göttlichen vorstellen, um den Respekt zu spüren, der ihnen widerfahren ist und widerfährt. Es geht um ein neues Verhältnis zur Eigenwertigkeit der uns umgebenden belebten und unbelebten Natur, weil alles manipulative Denken und Verhalten früher oder später zur Abstumpfung führt, die Fähigkeit zum Staunen verkümmern lässt und allem ästhetischen Empfinden den Boden entzieht. Das shintoistische Empfinden kann die Wahrnehmung und zugleich den Umgang mit den Dingen verändern, nicht zuletzt auch den Umgang mit Menschen. Denn auch vor ihm macht der manipulierende Homo Faber nicht halt.

Betrachten wir noch die beiden vertikal gehängten Shintai aus Tonschiefer, der in Luxemburg in 100 m Tiefe gewonnen wird. Auch in seinen Schieferarbeiten greift Bertrand Ney das Charakteristische seines »Materials« auf. Die Schichtenstruktur des spröden Schiefers veranlasst ihn dazu, den Stein nicht von seinem Inneren, sondern von der Oberfläche her zu denken. Was der gespaltene Schiefer immer wieder an Geheimnissen seiner Millionen Jahre währenden Entwicklung an Abdrücken von Pflanzen und Tieren an den Tag bringt, das lässt auch Bertrand Ney durch künstlerisches Einwirken an der Oberfläche entstehen. Auch diese Shintai laden mit ihren polierten Flächen zur Berührung ein.

Studierende der Fachhochschule Trier: Unterirdischer Garten und Implantate

Nicht weniger als drei Kurse der Fachhochschule Trier unter der Leitung der ProfessorInnen Anna Bulanda-Pantalacci und Klaus Steinmann haben sich des Jahresthemas 2000 »Einen Garten für den Menschen« angenommen.
Die Ausstellung »Implantate« ist zu sehen in der Wandelhalle des Robert-Schuman-Hauses. Im Kellergeschoss betritt man die geheimnisvolle Welt eines unterirdischen Gartens mit einer Gesamtfläche von über 120 Quadratmetern, einschließlich eines kleinen Nebenraumes. Der Besucher des unterirdischen Gartens begibt sich auf einen vorgezeichneten Rundweg, vorbei an plastischen Gebilden von unsagbarer Vielfalt und Schönheit. Die individuelle Beleuchtung von innen oder von außen verbreitet ein Dämmerlicht, lädt aber auch ein zur Betrachtung der Details. Eine eigens erstellte CD mit dezenten Geräuschen und Klängen macht den Besucher des unterirdischen Gartens hellhörig und verstärkt die Aufmerksamkeit.

Der Unterirdische Garten

von Barbara Mikuda-Hüttel

Anlässlich des Jahresthemas der Katholischen Akademie Trier – »Ein Garten für den Menschen« – verwandelten sich Frau Professor Bulanda-Pantalacci und etwa 40 Studierende des Faches Kommunikations-Design in eine eigenwillige Spezies von Höhlenforschern: In einer belgischen Tropfsteinhöhle sammelten sie akustische und optische Reize, deren Quintessenz man als Inszenierung aus fragilen Papierobjekten, Schatten und Geräuschen im Unterirdischen Garten durchmessen konnte. Kontraste und Harmonien, erstarrte Bewegung, versteinertes Leben, Glattes und Kristallines wurden von 13 Kleingruppen in ein Mit- und Gegeneinander von Formen, Licht- und Schattenwirkung gebracht und zu einem ephemeren Kunstwerk, dessen Zauber sich in einer ›Wanderung durch das Schattenreich‹ erschließen ließ. Mancher Besucher aber wird sich gefragt haben, was die ›Höhlenforschungen‹ der Kommunikationsdesigner mit ›grüner Kunst‹ gemeinsam haben. Versteht man doch darunter eher ein überirdisches Paradies aus Pflanzen, Gewässern, Skulpturen und Kleinarchitekturen. Höchstens wird man noch an Grotten denken, wie sie die Flaneure seit dem 16. Jahrhundert mit Wasserscherzen und -orgeln, Automatenstimmen oder künstlichem Vogelgezwitscher verblüfften. Dennoch: so abwegig ist die Idee vom Unterirdischen Garten keineswegs. Die Arbeitsgruppe könnte sich dabei nicht nur auf Traditionen berufen, sondern sich sogar in der Kontinuität mit einer eigenen Spezies von Gartendesignern sehen, der Grotten-Baumeister wie Joseph oder Josiah Lane, die seit Beginn des 18. Jahrhunderts immer wildere Felshöhlen und Tunnel gruben.

Heute meist versperrt, existieren in den Parks des 18. Jahrhunderts stets auch weitläufige unterirdische Gefilde, die erst zusammen mit der kunstvollen Bepflanzung darüber das grüne Gesamtkunstwerk ausmachen. So mancher wird – etwa im Bayreuther Park Fantasie, in Désert de Retz, Wörlitz oder Fonthill Abbey – auf die zahlreichen Eingänge zu Höhlen und Schächten gestoßen sein und sich gefragt haben, was es damit auf sich hat. Der Unterirdische Garten, der in der Katholischen Akademie präsentiert wurde, ging allerdings vergleichsweise rücksichtsvoll mit seinen Besuchern um – bedenkt man, was William Chambers 1772 in seinem folgenreichen Bestseller *Dissertation on Oriental Gardening* von dergleichen zu berichten wusste. Der chinesische Garten offenbarte sich ihm als ein Gewirr finsterer Felstunnel, »angefüllt mit (...) riesigen Figuren von Drachen, höllischen Ungeheuern und anderen schrecklichen Wesen«; ein Panoptikum des Schreckens. »Wiederholt« sah er sich »Schocks durch elektrische Ladungen, (...) künstlichen Regenschauern und (...) plötzlichen feurigen Explosionen«, ja sogar Erdbeben ausgesetzt und war froh, dieses Horrorkabinett lebend überstanden zu haben. Zwar darf man zweifeln, ob Chambers dies alles wirklich erlebte; es hat wohl mehr mit der Konjunktur frühromantischer Gespensterliteratur zu tun. Wie dem auch sei, seine Szenen des Schreckens machten großen Eindruck und erhielten fortan in den Gärten Europas ihren festen Platz.

Schon seit Beginn des 18. Jahrhunderts verwandelten sie sich in Orte eines synästhetischen Schauspiels mit dem Reiz unterirdischer Landschaften; so in Fonthill, wo die Frage »Wo bin ich?« noch durch die Angst »Was kann mir hier passieren?« gesteigert wurde. Dabei ging es darum, den Schauder des Erhabenen erlebbar zu machen, dessen wichtigste Theoretiker Edmund Burke und Immanuel Kant waren. Kant führte im Gegensatz zum »fröhlich (...) lächelnd(en)« Malerisch-Schönen, »drohende Felsen« an, den »hohe(n) Wasserfall eines mächtigen Flusses«, »Donnerwolken mit Blitzen und Krachen einherziehend, Vulkane in ihrer ganzen zerstörenden Gewalt, Orkane«, die »Wohlgefallen; (aber) mit Grausen« erregen. Denn »Die Eigenschaft des Schrecklich-Erhabenen (...) ist abenteuerlich.« Schiller illustrierte das am Beispiel eines kolossalen Berges, der »mehr wert (sei) als die ganze schöne Ebene um ihn her« und sich noch interessanter erweise, wenn er »durch die Möglichkeit plötzlichen Absturzes erschreckt.« Die ästhetische Kategorie des

Schrecklich-Schönen oder Sublimen bedienten auch die furchterregenden Grotten von Painshill, in denen man zu Fuß und per Boot an Wasserfällen und Quellen vorbei irrte, um auf der Insel inmitten eines großen Gewässers ein neues zerklüftetes Tuffsteinloch zu entdecken, das seinem Namen »vorsintflutlicher Fels« alle Ehre machte. Hier gab es keine pittoreske Schönheit, keine belaubten Bäume, kein Sonnenlicht, dafür aber den immer beliebteren Reiz des Erhabenen.
Zum Teil noch zugänglich ist die weitläufige Unterwelt im Park von Wörlitz, der jedermann offen stand und eine weitere, nämlich aufklärerische Absicht verrät: Der Bauherr hatte in Neapel mit dem Vulkanforscher William Hamilton den Vesuv bestiegen. In seinem Garten ließ er später die Villa Hamilton auf einer künstlichen Insel nachbauen, die mit ihrer pompeanischen Ausstattung über die untergangenen Vulkanstädte informierte. Daneben erhebt sich »mitten im ebenen Lande (...) ein Vulkan, in einer Gegend, wo das alles nicht hingehört und wie vom Himmel gefallen aussieht« – so Jean Paul 1801. Absicht war es, die Besucher damit für den Vulkanismus zu interessieren, dessen ursächliche Wichtigkeit für die Erdoberflächen-

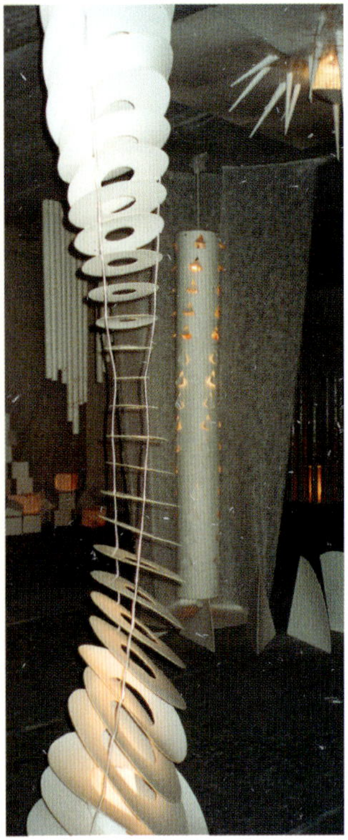

bildung damals im Streit mit den Neptunisten heftig diskutiert wurde. Zu diesem Zweck konnte der 20 Meter hohe Krater (1788–90) Rauchwolken absondern und sogar in Gestalt ausgeschleuderter Glassteine ausbrechen: »Von außen (gewährt) er allen nötigen Schein und Schrecken (...), mit seinen bequemen Möbeln und netten Boudoires (ist er) artig genug eingerichtet (...) für einen Feuerspeier«, spottete Jean Paul, der aber offenbar nicht ins hohle Innere vordrang. Davon wiederum zeigte sich ein anderer Besucher, der Bauherr von Beleol, Prince de Ligne, überwältigt: Mit einem Boot am Fuß des Feuerspeiers angekommen, »springt man in eine Fülle von Kavernen, Katakomben, Schreckensszenen, durch Finsternis und furchterregende Treppen (...) Man hofft zu entkommen und sieht sich gezwungen, eine winzige Treppe hinaufzusteigen. Die Dunkelheit wird noch tiefer (...) Man versucht wieder, einen Ausweg zu finden. Aber man hat erst ein Drittel des Besucherweges hinter sich gebracht. (...) Eine volle Stunde lang geht man in diesem Vulkan umher, ohne sein Wesen zu verstehen.« Aufklärerische Absicht und Angsttheater führten hier – wie vielerorts – also ein Doppelleben. Die Geisterbahn – so könnte man sagen – hat eine lange Vorgeschichte!

Und daran wirkten neben spezialisierten Tunnelbauern auch jene mit, die sich auf Schall und Rauch verstanden, auf die gruselige Unterhaltung, die Ende des 18. Jahrhunderts schließlich eine weit verbreitete schauerliche Attraktion war. Georg Schröpfer, ein Leipziger Kaffeehausbesitzer, verstand es, mit den spukhaften Erscheinungen der Laterna Magica ein gutes Geschäft zu machen: »er schwatzte den Leuten vor, er könne die Geister ihrer verstorbenen Angehörigen herauf beschwören«. Ein magischer Kreis wurde gezogen, die Räucherung begann: »Auf einmal verlöscht das Licht und unter furchtbarem Gepolter erscheint der vorgeladene Geist über dem Altar hin und her wallend.« Schröpfers Hokuspokus war kein Einzelfall. E. G. Robertson etwa inszenierte im Pariser Kapuzinerkloster seine Phantasmagorien, die rasch ein großes Publikum fanden: »Die Wände waren mit schwarzen Tapeten (...), daran haftenden Menschenknochen (und) Totenkäuzchen (...) versehen. Eine düster brennende Hängelampe diente eher dazu, diesen Ort schauerlich zu machen als ihn zu erhellen. Plötzlich erlosch auch dieses Zweifellicht und unter Regen, Blitz, Donner, Totengeläute, Tam-Tam, Lärm, Uhu-Ge-

krächze, schauerlichem Pfeifen, einem wüsten Luftzug erschien die kleine, kaum merkliche Figur. Diese schwoll, allmählich sich nähernd, zu einem Gespenst heran und kolossal geworden, schien es, als ob sie sich in den Zuschauerraum stürzen wollte.« Die Gespensteraufführungen faszinierten sogar diejenigen, die das Volk über den Irrwahn aufklärten, mit ihren Schriften der Sucht nach Clairvoyance aber eher Vorschub leisteten und mit praktischen Anweisungen die »phisikalischen Zauberstücke« popularisierten. Der modische Spuk erfreute nicht alle: Friedrich Schiller setzte sich damit in seinem Roman »Die Geisterseher« (1787) kritisch auseinander und hatte sogar ziemlich viel Erfolg. Wie sehr Schiller auf die aktuellen Akteure abzielte, erhellt die Tatsache, daß sich im Roman Anspielungen auf den Cafetier Schröpfer genauso finden wie auf einen anderen Protagonisten der Geistervisionen – auf den italienischen Scharlatan Joseph Balsamo. Balsamo, besser bekannt als Graf Cagliostro, war indessen nicht nur ein Hochstapler, sondern auch ein inspirierender Projektemacher.

In der Eremitage von Arlesheim bei Basel konnte Balsamo nach 1785 die Geisterwelt der Phantasmagorien in den Landschaftsgarten transformieren. Vor seinen Veränderungen existierte bereits die Proserpinagrotte mit einem Sarkophagaltar, über dem ein Drachen schwebte, aber erst unter dem Landschaftsmaler Loutherbourg und Cagliostro wurde die Höhle so recht zum »Spektakel«: Der Bühnendekorateuer Loutherbourg vermochte den unterirdischen Weg durch effektvolle Lichtführung zu gestalten, indem er etwa eine weibliche Figur so beleuchtete, als ob sie sich aus dem Grabe erhebe. An Geisterbahnen erinnern eine hölzerne Eule, deren Augen schauerlich blitzen konnten oder ein kleiner Teufel, den ein Sprunghebel aktivierte. Eine besondere Überraschung war es, wenn aus der Tiefe der Grotte ein Gesangschor und Bläser zu hören waren. Die Szenerie wurde durch diesen akustischen Spuk verstärkt, der indes kein Einzelfall war: In Potsdam entstand eine Gartenarchitektur mit Schallkanälen. In der Nähe des Marmorpalais am Heiligen See ließ sich König Friedrich Wilhelm II. eine Grotte mit einem Schacht bauen, die Geisterstimmen ermöglichte. Friedrich Wilhelm hatte mit Geisterapparaten immerhin schon einige Erfahrungen gesammelt. Seine Aufnahme in den Bund der Rosenkreuzer 1781 fand mithilfe der Phantasmagorien des Cafetiers

Schröpfer statt. Die Geister von Marc Aurel und Leibniz erteilten ihm strenge Anweisungen – mit der Stimme eines sächsischen Bauchredners. Schröpfers Erfolg im Umkreis Friedrich Wilhelms indes währte nicht lange. In Schwierigkeiten geraten, erschoss er sich vor Anhängern des preußischen Königs, nachdem er ankündigte, »mittelbar nach dem tödlichen Schuss als sichtbarer Geist auf(zu)-erstehen«. Doch selbst ohne den Spuk des Kaffeehausbesitzers blieb Friedrich Wilhelm dem Gespenstertheater verbunden, was auch der Grund für den Schallkanal seiner Grotte für deren besondere Form war. Sie nämlich diente der dreifachen Aufnahmeprobe der Rosenkreuzer durch Feuer, Wasser und Luft, die so geschildert wird: »Noch ist es ihnen erlaubt, zurückzutreten. Von diesem Augenblick fangen die Hindernisse erst an, die ihnen den Eintritt in den Tempel des Lichts erschweren. Lassen Sie ihn die dritte Reise machen. Führen Sie ihn den Weg der Schmerzen: Feuer, Wasser und Luft müssen sich zu seiner Reinigung vereinigen.« Nach der Wanderung in der Unterwelt, wenn der Adept die schauerlichen Prüfungen bestand, gelangte er an der Isisstatue vorbei in einen Tempel, der als Höhepunkt der rituellen Wanderung durch den Garten verstanden wurde. Der Proband war hier an sein Ziel gekommen, er betrat jetzt das Elysium, den oberirdischen, lieblichen Teil des Parks mit reizvollen Blicken auf die Seenlandschaft.

Nicht nur in Potsdam, in vielen Landschaftsgärten diente die Unterwelt als Initiationsweg zum Pfad der Weisheit, oft als Stätte der Luft-, Feuer- und Wasserprobe – wie unter Lequeus Gotischem Haus: »Wer diesen Weg allein und ohne sich umzusehen zurücklegt«, so Lequeu, »wird durch Feuer, Wasser und Luft geläutert, und wenn er seine Todesfurcht besiegen kann, kehrt er aus dem Schoß der Erde zurück, sieht das Licht wieder und darf beanspruchen, in die Gesellschaft der weisen und kühnsten Männer aufgenommen zu werden«; ganz so, wie es auch das Libretto zu Mozarts »Zauberflöte« schildert (II. 28).

Die »weisen und kühnsten Männer«, die durch die Elemente »geläutert (…) die Todesfurcht besiegen« und »aus dem Schoß der Erde« ins Licht zurückkehren – das waren Freimaurer. Die Grundstruktur der freimaurerischen Initiation ist ein Handlungsspiel von Spannung, Steigerung und Erfüllung, eine schrittweise Einweihung ins Arcanum. In der Regel wurde der Kandidat in die so genannte »Dunkle

Kammer« geführt, ein schwarz ausgeschlagener Raum mit grausigen Utensilien. Ihm wurden die Augen verbunden als Symbol, im Dunkeln zu wandeln und erst durch die Einweihung das Licht zu erblicken. Schließlich muß er sich auf das als Sarg bezeichnete blutgefärbte Tuch legen; die Degenspitzen auf ihn gerichtet.

Dem »Tod seine Schrecken« zu nehmen, das war ein zentrales Ziel der Initiation – in den »Dunklen Kammern« genauso wie in den Landschaftsgärten, die von den Mitgliedern der Hochgradmaurerei bevorzugt wurden. Im Vergleich zu der bürgerlichen Johannismaurerei ging es vor allem den Tempelrittern, den Mitgliedern der Strikten Observanz und den Rosenkreuzern auch um die Feuer-, Wasser- und Luftprobe. Neue Prüfungen vermittelten ihrer meist aristokratischen Klientel das elitäre Bewußtsein von Exklusivität und unterschieden sie von der bürgerlichen Konkurrenz, deren politische Ziele darüber hinaus nicht selten konträr waren. Ritueller Aktionsraum dabei war der unterirdische Garten, und damit knüpfte die

Hochgradmaurerei an die Praxis antiker Mysterien an. Schon die Neophyten der eleusinischen Mysterien mußten eine »Wanderung durch ein unterirdisches Labyrinth antreten, das erfüllt war von schrecklichen Geräuschen und grässlichen Gespenstererscheinungen und das alle Schrecknisse des Todes heraufbeschwor«, um endlich im »strahlenden Tempel die Gefilde der Seligen« zu erreichen. So wie die Prüflinge der Zauberflöte schließlich ins »Heiligtum des größten Lichtes« blicken, so die Einzuweihenden in den Landschaftsparks ans leuchtende Ziel. In Wörlitz zum Beispiel, wo »alles auf Einweihungen und Prüfungen Bezug haben sollte«, erreichten die Initianten unterhalb des Venustempels ihre Erlösung und sahen ins Licht einer gelben, durchsichtigen Glashaube. Zuerst gelangte der Neophyt in die »Zelle des Mystagogen«, der »in die heiligen Geheimnisse« einführte, um zwischen den zwei Wegen zu wählen: dem »gedankenlosen mühseligen Steig des Menschen ohne Kenntnis und Geisteskultur (... und dem) geheimnisreichen Pfad (...) der Lehrlinge erhabener Weisheit«. Der Initiationsweg verläuft durch Höhlen, »auf der Grenzscheide zwischen Leben und Tod (..., durch ein) liebliches Tal bis in die Grotten der Götter Vulkan, Neptun und Aeolus«, um sich dort »sonder Scheu der Prüfung durch alle Elemente zu unterwerfen«.

Allenthalben stößt man nicht nur in Wörlitz noch heute auf Eingänge zu dunklen Stollen mit ritueller Funktion. Etwa das beängstigende Innere des Miniatur-Vesuvs, in dem der Eindruck des Geheimnisvollen, aber auch des Furchterregenden erfahrbar war. Der Prince de Ligne fühlte sich darin »bei einer fürchterlichen Dunkelheit und entsetzlichen Treppen in Höhlen, Katakomben und andere(n) schreckhafte(n) Szenen« in einen Zustand ständiger »Unruhe« versetzt: »Man ist eine Stunde in diesem Vulkan herum gegangen, ohne zu wissen«, wo man ist. Endlich folge eine Szene, »die alle Schrecken, Zaubereien und Finsternisse in Vergessenheit« bringe. Auch die oberirdischen Teile der Parks mit ihren künstlichen Ruinen, Einsiedeleien, warnenden Inschriften, mit künstlichen Gräbern, bedrohlich schwankenden Brücken und Freundschaftsdenkmälern handeln von Gefährdungen, Irrwegen und Erfüllung. Erst im Zusammenspiel mit ihrem düsteren Gegenstück wird das Hauptanliegen der Landschaftsgärten verständlich: Ihre verschlungenen Pfade machten die gefahrvolle Lebensreise nachvollziehbar.

Der unterirdische Garten mit seinem synästhetischen Schauspiel offenbart dabei ein Bedürfnis nach Schauder, ja nach Angst, von dem man sich heute kaum noch eine Vorstellung machen kann. Richard Alewyn zeigte, wie sie im 18. Jahrhundert als Reiz, ja als Lust erlebt werden konnte. Neben ihrer Ästhetisierung ist dabei vor allem der Aspekt der affektiven Abhärtung zu bedenken. Goethe etwa versuchte, sich gegen die »Anfechtungen der Einbildungskraft« mit »ahndungs- und schauervollen Eindrücke der Finsternis, der Kirchhöfe, einsamer Orter, nächtlicher Kirchen und Kapellen« zu kurieren. Der aufgeklärte Mensch des 18. Jahrhunderts empfand durchaus die Widersprüche in seinem Gefühlshaushalt: Eine Freundin Voltaires bekannte, zwar nicht an Gespenster zu glauben, sich aber vor ihnen zu fürchten. Diese Furcht zu besiegen, das bedurfte großer Anstrengungen. Zählte sie doch für den Mediziner Hufeland zu den »allerunanständigsten Leidenschaften«, die sogar die Gesundheit schädige, ja sie schwäche und lähme – so Jean Paul – mehr als alle anderen Gemütsbewegungen sogar den Verstand. Dass die Angst die Fähigkeit zur Erkenntnis der Wirklichkeit herabsetzt, machte sie mehr als verdächtig!

Sie zu überwinden, wird gerade im 18. Jahrhundert zu einem zentralen Anliegen, und dabei gehörten die unterirdischen Gärten zu den besonders instruktiven Mitteln, diese »allerunanständigste Leidenschaft« auszutreiben. Der Park war die Bühne eines Handlungsspiels, das Wege und Umwege, Höhen und Tiefen darstellbar macht. Gefährdungen und Schrecknisse nehmen dabei einen besonderen Raum ein, denn erst die Bewältigung von Furcht und Angst – vor allem vor dem Tode – führt zu einem gelungenen Leben. Anschaulich wurde dies in der ›Welt auf einem Hektar‹, im Landschaftspark.

Heiliges Land

von Ernst Haag

Woher kommt die allen Christen geläufige Vorstellung von einem »Heiligen Land«? Genügt es, zur Erklärung auf jenen Raum der Menschwerdung Gottes hinzuweisen, wie ihn das Neue Testament bezeugt? Oder hat die Vorstellung nicht vielmehr ihre Wurzeln im Alten Testament, wo sie das Land der Verheißung, konkret gesprochen: Kanaan, bezeichnet, um dann eschatologisch zum Inbegriff des Lebensraumes der Erlösten in einer zum Garten Eden umgewandelten neuen Schöpfung zu werden? Als Zielvorstellung des Offenbarungsglaubens von Christen und Juden und nicht zuletzt im Hinblick auf das Scheitern einer ins Profane gewendeten religiösen Utopie des Zionismus ist hier eine biblisch orientierte Besin nung von Nutzen.

Der Garten Eden und das Heilige Land

Ausgangspunkt ist die vorpriesterschriftliche Darstellung von der Erschaffung des Menschen und seiner Versetzung in den Garten von Eden (Gen 2,7-8). Vier Schöpfungsakte sind hier zu unterscheiden, von denen sich jeweils zwei zu einer Handlungseinheit zusammenfügen. An erster Stelle steht die Formung des Menschen aus dem Staub des Erdbodens und seine Belebung durch Gott mit der Einhauchung des Lebensatems: eine bildhafte Darstellung, die inhaltlich den Menschen als ein im Gegenüber zu Gott geschaffenes Wesen versteht, dessen Zielsetzung und Entwicklung von der Wahrnehmung dieses Gegenübers abhängig ist. An zweiter Stelle folgt die Anlage des Gartens von Eden als Lebensraum für den Menschen, den Gott in

einem eigenen Schöpfungsakt dorthin versetzt. Nach dieser Darstellung hat Gott den Menschen als ein Wesen erschaffen, das sein Schöpfungsziel erst durch das Medium der Geschichte erreicht und hierbei einem für ihn schicksalhaften Einsatz seiner Freiheit ausgesetzt bleibt. Denn Gott verleiht dem Menschen den ihm zugedachten Lebensraum in dem Maß, in dem er der göttlichen Führung entspricht. Währen der Mensch im Fall des Versagens den ihm zufallenden Lebensraum als fluchbeladen erlebt (Gen 3,17), eröffnet sich ihm dort im Fall seiner Bewährung das Paradies (Gen 2,15-17).
Wie kam der biblische Autor zu dieser Darstellung von der Erschaffung des Menschen und seiner Vernetzung in den Garten von Eden? Die Antwort lautet: durch die Einbeziehung der Auffassung vom Heiligen Land in den Glauben an die Führungsgeschichte, die Gott mit der Auserwählung Israels begonnen hat und die grundsätzlich das Heil aller Menschen zum Ziel hat. Konstitutiv für die Auffassung vom Heiligen Land sind hierbei zwei der Mythologie Kanaans entlehnte Vorstellungen, die sich in dem Jahweglauben Israels zu einer Einheit gefügt haben: einmal die Vorstellung von dem Herrschaftsbereich eines Gottes (Dtn 32,8 LXX), den ihm der oberste Gott El in der Welt als sein Erbteil zugewiesen hat (Ex 15,17; Jer 2,7; Ps 68,10): eine Vorstellung, die in der deuteronomischen Tradition als das Land, wo Milch und Honig fließen (Ex 3,8 u. ö.), gekennzeichnet ist, und zum anderen die Vorstellung von einem Gottesberg als Herrschersitz des über sein Erbteil regierenden Gottes (Ex 15,17). Israel hat beide Vorstellungen auf das Land der Verheißung und den Berg Zion bezogen und so die Grundlage für eine ins Universale gewendete Anfangsdarstellung geschaffen, wie sie der vorpriesterschriftliche Schöpfungsbericht enthält (Gen 2,7-8). Gleichzeitig war aber damit auch ein Ziel angegeben, das die Eschatologie der Führungsgeschichte Gottes mit Israel entscheidend geprägt hat.

Das Heilige Land und die neue Schöpfung

Die Eschatologisierung der Hoffnung Israels auf einen der Königsherrschaft Jahwes in ihrer Vollendung entsprechenden Lebensraum begann, als nach dem Untergang des Nordreiches Israel 721 v. Chr. und der Katastrophe des Südreiches Juda 586

v. Chr. das Land an fremde Völker überging und in Israel die Glaubensüberzeugung wuchs, dass nur ein Neueinsatz in der Führungsgeschichte Gottes mit Israel den Weg zu einem unverlierbaren Lebensraum in der einmal zu ihrer Vollendung gelangte Schöpfung freimachen würde. Am Beispiel Abrahams, des Vaters aller Glaubenden, hat daher die biblische Tradition dargelegt, wie der von Gott Auserwählte im Gegensatz zu innerweltlichen Versuchen, aus eigener Kraft das Paradies herbeizuführen (Gen 11,1-9), allen der Führung durch Gott entgegenstehenden Bindungen den Abschied gibt (Gen 12,1-3) und sich im rechtfertigenden Glauben (Gen 15,6) auf den Weg in das Land macht, das Gott ihm zum Abschluss einer an Glaubensbelastungen (Gen 22,1-19) reichen Wanderung zeigen will. Nach der Auffassung des Buches Ezechiel bedeutet dies für das aus seiner Gerichtsverfallenheit gerette Israel, dass Gott fortan seine Auserwählten durch die Wüste der Völker (Ez 20,35) zum Zion (Ez 20,40) führen will, wo sich die Königsherrschaft Jahwes einmal vollendet (Jes 4,2-6; 11,9).

Im Zuge der Eschatologisierung der Hoffnung Israels auf die Königsherrschaft Jahwes hat die biblische Tradition die Neugestaltung der ganzen Schöpfung gewürdigt und hierbei dem Glauben die Aussicht auf einen Lebensraum eröffnet, in dem das Urbild des Gartens von Eden Wirklichkeit wird. Während der priesterschriftliche Schöpfungsbericht hierbei die ganze, in allen ihren Ordnungen bereits erstellte Welt am siebten Schöpfungstag noch einmal zum Gegenstand des Schöpferhandelns Gottes macht, das sie in diesem Fall ihrer Vollendung entgegenführt (Gen 2,1-3), spricht die Prophetie mit Rücksicht auf die alte Gerichtsverfallenheit der Schöpfung von einem neuen Himmel und einer neuen Erde (Jes 65,17; 66,22) als dem Endergebnis der Heilsoffenbarung Gottes.

In dem festen Glauben, dass mit der Auferstehung und der Himmelfahrt des Mensch gewordenen Gottessohne das im Alten Testament verheißene Eschaton schon anfanghaft angebrochen ist, hat das Neue Testament die Vorstellung von einem irdischen Land der Verheißung endgültig aufgegeben und dafür – in Weiterführung des mit der Auserwählung Abrahams aufgewiesenen Heilsweges – die Nachfolge Christi als den Weg der Kirche zu dem himmlischen Jerusalem verkündet, wo sich die neue Schöpfung als Lebensraum der Erlösten für alle Ewigkeit darstellt (Offb 21-22).

Sakrale Architektur als Bild des Paradieses

Zur Symbolik von Garten und Architektur in christlich-religiöser Hinsicht

von Franz Ronig

Es versteht sich gewissermaßen von selbst, dass die Idee und die Gestalt des Gartens in fast allen Religionen eine große Rolle spielt. So ist es kein Zufall, dass auch in der biblischen Religion der Paradiesgarten am Anfang der Geschichte der Menschheit steht, dass die Menschen wegen ihres Ungehorsams Gott gegenüber aus dem Paradies verwiesen werden, und daß schließlich das künftige Paradies als Verheißung und Erfüllung am Ende der Heilsgeschichte in Sicht kommt. Gott ist so der Schöpfer, der Erlöser und der Vollender seiner Welt und der Menschen.
Aus der Fülle der in einer fast zweitausendjährigen Geschichte entstandenen und uns überlieferten Kunstwerke greifen wir einige wenige heraus, die uns diese Idee veranschaulichen können.
Wenn auch thematisch der Schwerpunkt auf der Architektur liegen soll, so möchte man doch zu Beginn einige szenische Bilder sehen, die uns den Einstieg erleichtern. – Die Wiener Genesis, eine Purpurhandschrift des 6. Jahrhunderts (Wien, Österreichische Nationalbibliothek) sollte mit einigen Miniaturen – stellvertretend für viele andere Bilder – am Anfang unserer Betrachtung stehen. Text und Bild sind bei diesem Kodex je auf eine halbe Seite verteilt. Unsere erste Miniatur vereint gleich drei Szenen in einem Bild: Der von der Sonne braun gebrannte Adam und die weiße Eva stehen nackt in einem Hain von blühenden und Frucht tragenden Bäumen. Eva hat bereits die Frucht gepflückt und reicht sie weiter an Adam. Die

Miniaturen aus der Wiener Genesis

Menschen übertreten so das ihnen von Gott gegebene Gebot, nicht von der verbotenen Frucht zu essen. In der zweiten Szene ist dargestellt, wie die Beiden als Folge der Sünde ihre Nacktheit entdecken, sich vornüber beugen und ihre Blöße zu bedecken suchen. In der dritten Szene haben sie sich vor Gott im Gebüsch versteckt; nur ihre Köpfe mit den tragisch gezogenen Augenbrauen schauen aus dem Dickicht der Blätter heraus. Aus dem blauen und gestirnten Himmelssegment kommt die Hand Gottes hervor als Zeichen für die fragenden Worte, die Gott an Adam richten wird. Auf einem anderen Blatt ist das Gericht Gottes über die Schlange und die Menschen dargestellt; Gott hatte sie inzwischen schon mit Gewändern bekleidet, sie gehen gesenkten Hauptes auf das Paradiestor zu. Die zweite Szene dieses Blattes zeigt uns die Menschen bereits außerhalb des Gartens in einer baumlosen und tristen Landschaft, hinter ihnen das verschlossene Tor, vor dem ein Engel Wache hält und sich zwei ineinander verschränkte feurige Räder drehen – eine Anspielung an das flammende Schwert und die Räder aus der Gottesvision des Propheten Ezechiel. Das Paradies ist verloren und von nun an verschlossen. Aus der Darstellung des Paradiestores möge man ersehen, daß man selbst bei der Darstellung des Paradieses nicht ganz ohne architektonische Elemente auskommt.

In der Geschichte der christlichen Kunst und Ikonographie spielt die Paradiesvorstellung immer wieder eine Rolle; sie durchdringt und fermentiert geradezu das

Ganze der christlichen Kunst, sowohl die Bildkünste als auch die Architektur. So erscheint diese Idee sogar in solchen Szenen und Konstellationen, in denen man sie zunächst nicht erwarten würde. Damit ist dann weniger ein Rückblick auf das verlorene Paradies gemeint (natürlich auch das!), als vielmehr ein geistiger Ausblick auf das neue, das künftige, das zu erwartende, jenes, das in der Verkündigung der Heilsbotschaft des Evangeliums und in der sakramentalen Wirklichkeit der Heilszeichen schon in die Gegenwärtigkeit dieser Zeit hineinragt. Es geht also um jene theologische Perspektive, die wir die eschatologische zu nennen gewohnt sind: das Heil ist angesagt, angekündigt, verkündigt; es wird schon jetzt, im »Heute«, in inhaltlich bedeutsamen Zeichen und Wirklichkeiten gegenwärtig; aber es bleibt noch unvollendet, bis Gott es am Ende der Tage vollenden wird: in der Auferstehung der Toten, in der künftigen neuen Welt, in der Offenbarung des himmlischen Jerusalems. Unter diesem Aspekt erlangen sogar solche Bilder einen eschatologisch-paradiesischen Charakter, denen man es im ersten Augenblick und ohne weiteres nicht ansehen möchte.

Baumsarkophag, Arles

Greifen wir einen der frühchristlichen Sarkophage heraus, einen so genannten Baumsarkophag des vierten Jahrhunderts aus dem Museum der christlichen Kunst in Arles (Nr. 39). Die frühchristlichen Sarkophage sind vielfach durch Säulen gegliedert und so in alter, auf die vorchristliche Zeit zurückgreifender Tradition, als Architekturen aufgefasst und infolgedessen auch mit Architekturelementen geschmückt. Bei diesem Sarkophag nun ist die architektonische Glie-

Franz Ronig

Ravenna, Mosaiken

derung der sieben Felder für Figuren nicht auf die gewohnte Weise mit Säulen und Architrav vorgenommen; es wachsen vielmehr Baumstämme auf, deren Äste und Blätter sich zu flachen Gewölben zusammenschließen. In diesem »Hain« finden wir rechts und links von der Mitte je drei Szenen des heilenden und Wunder wirkenden Christus. Natürlich hat Christus diese Wunderzeichen nicht in einem Wald gewirkt; aber die Ordnung der Bäume möchte doch wohl ein geistiger Hinweis auf einen tieferen Zusammenhang sein, also mehr als eine reine Gliederung im Dienste der formalen Komposition. Indem Christus Wasser zur Fülle des Weins wandelt, Blinde sehend macht, Lahme heilt, Tote erweckt, wirkt er Zeichen, die auf das neue Leben in der Fülle des neuen Paradieses hindeuten. In der mittleren Baumnische, wo man eigentlich eine repräsentative Gestalt Christi erwarten möchte, steht zwischen zwei Aposteln (Petrus und Paulus) eine langgewandete Frau, welche die Hände betend erhebt. Es ist die hohe Frau der Ecclesia orans: die betende Kirche, die neue Eva im neuen Paradies. In dieser Gestalt sehen sich die von der Schuld der Sünde erlösten und von den bösen Folgen derselben geheilten Menschen wie in einer einzigen Gestalt zusammengefasst, und vor Gott erfreuen sie sich anbetend ihrer neuen Existenz in einem neuen Paradies, auf das die Bäume ikonographisch hinweisen.

Auf vielen anderen Sarkophagreliefs – auch regelrechten Säulensarkophagen – und auch auf vielen Malereien und Mosaiken der frühchristlichen Zeiten sehen wir Christus dargestellt, wie er auf einem Hügel steht (oder über einem Hügel thront): Zu seinen Seiten wachsen Palmen auf, und unter seinen Füßen entspringen vier Quellen: Es sind die vier Ströme des Paradieses. Christus kündet die prophetische Botschaft dieses kommenden Paradieses an. Darüber hinaus bringt er diese Wirklichkeit selbst herbei, er stellt sie in seiner Person geradezu dar: Er ist der Weg, die Wahrheit und das Leben. Nach Ausweis der Schriftsteller der ersten Jahrhunderte stellen die vier Ströme die Botschaft der vier Evangelisten dar. So wie die vier Ströme des Paradieses dieses bewässern und zum Blühen und Fruchttragen bringen, so treiben die Worte des Evangeliums auf gnadenhafte Weise Blüten und Früchte im gläubigen Menschen hervor - es sind die Worte des ewigen Lebens.

Ein Blick in den Mosaikschmuck der Kuppel des Baptisteriums der Orthodoxen

Civate, San Pietro al Monte

in Ravenna entrückt uns mit seinem Goldschimmer geradezu in die Höhen des vom Himmel her geoffenbarten Paradieses – hier nun unter dem Aspekt der Taufe als des Initiationssakramentes zum Paradies. Hier sind der Kuppelbau und die Bilderwelt eine solche Symbiose eingegangen, dass die Bilder die Architektur geradezu deuten helfen. In der Mitte dieses achteckigen Taufhauses befindet sich unten am Boden das Taufbecken als der geheimnisvolle und fruchtbare Mutterschoß der Kirche, aus dem im Sakrament der Taufe die neuen Kinder Gottes – und natürlich auf der Kirche – zum neuen Leben aus dem Wasser und dem Heiligen Geiste wiedergeboren werden. Sie dürfen bei ihrer Taufe geistigerweise die Worte des Himmlischen Vaters hören, die – wie im Bilde des Zenits der Kuppel – Christus bei seiner Taufe im Jordan hörte: Du bist mein geliebter Sohn! – Dass diese Wiedergeburt eine Geburt in der Kirche und für die Kirche ist, zeigen die Bilder der zwölf Apostel, die in einem Kreis unterhalb des Taufbildes der Kuppel – angeführt durch Petrus und Paulus – Christus entgegenschreiten und ihm mit ehrfürchtig verhüllten Händen goldene Kronen darbringen, als Zeichen ihrer Huldigung und als Zeichen, dass sie in Christus ihren siegreichen Herrn anbetend verehren. Zwischen den Aposteln wachsen goldene Bäume und Stauden auf: Hier befinden wir uns also geistigerweise bereits in dem neuen Paradies, dem Garten Gottes. – In einer weiteren konzentrisch um das Kuppelzentrum angelegten Zone schauen wir im Rund auf eine Reihe von offenen Architekturen, exedra-artigen Pergolen, die den Blick in eine Gartenlandschaft freigeben. In den Halbkreisen der Exedren stehen abwechselnd je vier goldene Throne und je vier Altäre. Die mit einem Kissen gezierten und bereiteten Throne sind mit dem Kreuz geschmückt und weisen zeichenhaft auf die erwartete Gegenwart Christi hin; auf den Altären liegen die vier Bücher der vier Evangelien, welche die Gegenwart Christi im Worte darstellen und für den Betrachter in Erinnerung rufen. So ist Christus inmitten seiner durch die Apostel repräsentierten Kirche mitten in dem neuen Paradieses anwesend – er, der in der Taufe durch Johannes vom himmlischen Vater als der Sohn proklamiert wurde, zusammen mit den Neugetauften, die als eine neue Schöpfung ihren Platz in diesem Paradieses erhalten.

In der Kirche San Pietro al Monte zu Civate (Oberitalien) aus dem Ende des 11. Jahrhunderts ist die Vision des neuen Paradieses mit der des neuen und himmlischen Jerusalem innerlich verbunden. In der Lünette über einer dreifachen Arkatur befindet sich eine Darstellung der Geburt des apokalyptischen Messiasknaben aus der apokalyptischen Frau (Apk 12), die hier als Maria, die Muttergottes verstanden ist. Das Kind wird vor der drohenden Gefahr des Drachenmaules gerettet und zum Throne Gottes entrückt. Die Engel Michaels kämpfen in synchroner Darstellung den Drachen nieder. – In einer Deckenmalerei finden wir eine Darstellung

Civate, San Pietro al Monte

München, cod. lat. 14.159

des himmlischen Jerusalems, verbunden mit der Idee des Paradieses. Die zwölf turmbewehrten Tore der heiligen Stadt verteilen sich auf die vier Seiten des sphärischen Deckenquadrates; in ihnen sind Personifikationen dargestellt und mit den Namen der zwölf Edelsteine als der Fundamente verbunden. Mitten im Quadrum der Stadt thront Christus auf der Weltkugel, ein riesiges Szepter in der Rechten, mit der Linken ein geöffnetes Buch auf dem Knie abstützend, mit den Worten: Qui sitit veniat (et bibet), Wer Durst hat, komme (und trinke)! So entspringen unter den Füßen des vor der Gestalt des Thronenden stehenden Lammes die vier Paradiesströme. Rechts und links von Christus wachsen zwei große grünende Bäume auf; es sind die in der Apokalypse genannten Bäume, die an den Ufern des Flusses wachsen, der unter dem Thron entspringt. – In einem vierteiligen Kreuzgratgewölbe derselben Kirche finden wir ein zweites Paradiesbild. In den vier Gewölbesegeln sind die vier Paradiesflüsse mit ihren Namen in Personifikationen dargestellt. Die halbnackten Männer gießen aus großen Amphoren das Wasser aus. Im Kreuzungspunkt der Gewölbe befindet sich an zentralem Ort das Christogramm (XP) mit den apokalyptischen Buchstaben Alpha und Omega: Christus ist so – vertreten durch seinen heiligen Namen – als Mittelpunkt des Paradieses dargestellt. Die vier Ströme bezeichnen die Weisheit seiner Lehre und die Fruchtbarmachung des Geistes durch die Kraft Christi. – San Pietro al Monte ist wohl eine der konzentriertesten ikonologischen Paradiesdarstellungen innerhalb einer frühmittelalterlichen Kirchenarchitektur.

Eine der signifikantesten Kirchenbauten des 13. Jahrhunderts ist – im Hinblick auf die Darstellung einer Bedeutung – die Trierer Liebfrauenkirche, die in den Jahren zwischen ca. 1233 und 1260 erbaut wurde. Sie folgt einem geometrisch zwingenden Plan, der vom Vierungsquadrat seinen Ausgang nimmt und durch jeweilige Verdoppelung (in der Fläche) mit gleichzeitiger Drehung um 45 Grad ein quadratischtrianguläres System erzeugt, in dem alle Fixpunkte des Gebäudes festgelegt sind. Dieses System erzeugt nicht nur eine kaum zu überbietende Präzision in der Geometrie des Planes, sondern enthält auch die Ansätze zu einer ikonologischen Deutung. In dieses System eingeschrieben findet man eine kreuzförmige Kirche, deren Vierung das Ganze fast wie die Spitze einer Pyramide überragt. In den vier Ecken des Kreuzschiffes sind jeweils zwei Kapellen gesetzt, die den kreuzförmigen Plan wie zu einer Rose ergänzen. Aus diesem strengen Zentralplan ragt nur der Ostchor um ein Joch heraus. So sind in drei Geschossen folgende Horitontalschnitte festzustellen: Erstens: Im Erdgeschoß der Grundriss der marianischen »Rosa Mystica«, der Bezug nimmt auf das Patrozinium Maria. Zweitens: Im Hauptgeschoss das Kreuz mit Bezug auf den Gekreuzigten. Drittens: Im obersten Geschoss die Aufgipfelung in dem einen Quadrat des Vierungsturmes. Die sich aus dem Plan zwingend ergebenden zwölf Pfeiler sind ein Hinweis auf die zwölf Apostel als die Fundamente der Kirche, auf die Zwölfzahl der Stämme Israel, der Monate und der zwölf Artikel des Apostolischen Glaubensbekenntnisses. – Das Achsenkreuz weist in die vier Himmelsrichtungen und bringt so (wie auch die Zwölfzahl) eine kosmische Bedeutung ein. Folgt man der allegorischen Deutung der Himmelsrichtungen, wie sie bereits wohl im vorchristlichen Alexandrien gefunden wurde, so ergibt sich der Name des Menschen schlechthin – des Adam. Die vier griechischen Namen der Himmelsrichtungen ergeben in der Tat den Namen Adam:

ANATOLE	Aufgang, Osten
DYSIS	Westen
ARKTOS	Norden
MESEMBRIA	Mittag, Süden.

Dieses allegorische Denkschema war den gebildeten Menschen des Mittelalters geläufig, wie manche Abhandlungen und auch symbolische Schemazeichnungen zeigen.

Ein solches Schema findet sich in einer Handschrift der zweiten Hälfte des 12. Jahrhunderts aus Regensburg (München, Bayer. Staatsbibl. Lat. 14. 159): De laudibus

Hönningen/Ahr, Fenstermaßwerk

sanctae crucis. In einer Kreiskomposition sind die Bedeutung tragenden Symbole so auf die Mitte bezogen, dass fast der Eindruck eines Rades entsteht. Die »Radnabe« ist eine Kreisscheibe mit der Darstellung des Gotteslammes. Diese Scheibe wird gehalten von einer männlichen Personifikation, die durch Beischrift als der »Paradisus«, das Paradies, gekennzeichnet ist. (Das männliche Geschlecht leitet sich aus dem grammatikalischen Geschlecht ab.) Im Kreise darum sind fünf Vierergruppen angeordnet: Die vier Symbole der Evangelisten, die vier Kardinaltugenden, die vier Paradiesesströme, die die vier Kirchenväter tränken. Dazu kommen die vier Buchstaben des Namens ADAM, die nach dem oben dargelegten Akrostichon die vier Himmelsrichtungen und zugleich natürlich den Menschen bedeuten. – Es ist im Sinne des mittelalterlichen symbolischen Denkens einsichtig, dass sich solche Denkschemata leicht mit dem Plan einer Kirche assoziieren lassen. Von daher erhält das Kirchengebäude eine Bedeutung, die sowohl kosmische als auch christologische Bedeutungsebenen hat. Der alte Adam und der neue (Christus) sind hier gemeint. Das Paradies ist sowohl im Rückblick das alte, das durch die Sünde verlorene, als auch in der eschatologischen Sicht das durch Christus am Kreuz, den neuen Adam, erworbene neue. Die vier Ströme nähren die Kirche sowohl mit der Weisheit des Evangeliums als auch mit der Lehre der Kirchenväter. Das christliche Leben folgt den Weisungen Gottes und Jesu Christi, wobei die vier Kardinaltugenden die ethischen Maßstäbe liefern.

Unter diesen Aspekten nimmt es nicht Wunder, wenn die Vorstellung des Paradieses auch in den architektonischen Details einer Kirche Platz greift: Ob das das »Bewachsen« ganzer Portalzonen mit den Blättern des Lebensbaumes oder des Weinstockes ist – wie etwa an der Elisabethkirche zu Marburg, am Freiburger Münster oder am Ostportal der Trierer Liebfrauenkirche; ob das die Deutung eines Fenstermaßwerkes im Sinne des Lebensbaumes ist, wie etwa in Hönningen an der

Gegenüberliegende Seite: Nikolaikirche, Leipzig

Ahr oder an der Stiftskirche zu Kyllburg, wo die Figur des Gekreuzigten an das Maßwerk wie an das Kreuz geheftet erscheint; ob Säulen mit Schuppen belegt erscheinen in Erinnerung an den Stamm einer Palme; oder ob das Astwerk ganze Gewölbe und Architekturteile ergreift wie etwa in einigen Seitenkapellen der Marienkirche zu Ingolstadt oder das Emporenoratorium im Prager Veitsdom.

Schließlich gibt es Kirchenräume, in denen, wie in einigen Einstützenkirchen, der Mittelpfeiler wie ein Welten- und Lebensbaum aufwächst und die aus dem Pfeiler heraustretenden Gewölberippen den Eindruck stilisierter Äste hervorrufen. Wenn dann noch die Gewölbekappen – wie so oft in der Gotik – mit Laubwerk bemalt sind, ist die Deutung des Kirchenraumes geradezu als einer paradiesischen »Laube« kaum zu umgehen. Mitunter sind die Gewölbe sogar mit Bildern von Engeln und im Himmel wohnenden Heiligen bemalt. Die symbolische Interpretation des Kirchengebäudes als einer Anspielung auf das Paradies wird vollends klar, wenn man solche Räume wie die evangelische Nikolaikirche in Leipzig in die Betrachtung einbezieht. Der spätgotische dreischiffige Hallenraum (1513–1526) wurde im Klassizismus (von Dauthe) so umgestaltet, dass aus der Pfeilern kannelierte Säulen wurden. Die Kapitelle wurden mit feingliedrigen Palmwedelblättern geschmückt; aus den Kapitellen wachsen frei im Raum schwebende Palmblätter wie Stauden nach oben.

Stellen wir an das Ende unserer Überlegungen und unseres kunstgeschichtlichen Rundganges wieder ein gemaltes Bild, das kleine und kostbare des Stephan Lochner mit dem Titel »Maria im Rosenhag« (Köln, Wallraf-Richartz-Museum), gegen die Mitte des 15. Jahrhunderts entstanden. – Vor einem am Rande gemusterten Goldgrund sitzt Maria, in ein tiefblaues Kleid und einen gleichfarbenen Mantel gehüllt, als Königin und zugleich als die demütige Magd auf dem grünen, von Veilchen und anderen Kräutern bewachsenen Boden, nicht auf einem hohen Thron – das nackte Jesuskind auf ihrem Schoß. Ein rotes Polsterkissen schaut an den Seiten ein wenig hervor. Eine Rasenbank schließt den Grund nach hinten ab. Gefasst ist die Komposition von einer transparenten Rosenlaube, die wie eine kleine Architektur angelegt ist und das Gold durchschimmern lässt. Ein roter Brokatvorhang ist, wie als Zeichen der Offenbarung und als Hoheitszeichen zugleich, von zwei Englein zur Seite gerafft worden und gibt so den Blick frei. Vom Bilde Gottvaters (inmitten einer Schar goldener Engelköpfe) am oberen Bildrand gehen viele Goldstrahlen aus; der Vater sendet den Heiligen Geist auf Maria und seinen Sohn herab. So ist in der senkrechten Mittelachse das trinitarische Geheimnis verborgen. Die Krone Marias ist mit Blumen und Perlen geschmückt. Am Gitter der Laube blühen rote und weiße Rosen, Zeichen göttlicher Klarheit und auch des Blutes der Passion. Lilien der Reinheit und Unberührtheit wachsen von der Rasenbank auf. Eine Schar von Kinderenglein umgibt im offenen Kreis Maria und das Jesuskind; alle blicken konzentriert auf das Kind. Die vier Englein im Vordergrund musizieren dem Kind zu Ehren. Von den Englein an der Rasenbank pflückt eines eine rote Rose zum Zeichen der künftigen Passion Jesu. Ein anderes reicht dem Jesuskind einen Apfel. Aber das Jesuskind hält bereits einen Apfel in der Hand und blickt zu dem Englein hinüber. Maria blickt mit einem stillen Ernst und in Gelassenheit auf ihr Kind. Der paradiesische Apfel zeigt an, dass sie in inniger Liebe verbunden sind. Diese Liebe ist die der Mutter zu ihrem Kind. Sie ist aber auch Ausdruck jener Liebe, die in der Verbindung zwischen Gottheit und Menschheit waltet, da Gott aus Maria Fleisch angenommen hat. Der gläubig meditierende Mensch darf dieses Glück im Paradies seines Herzen einschließen.

Stephan Lochner,
Maria im Rosenhag

Ingrid Moll-Horstmann: Auf der Suche nach der Mitte

Einführung von Herbert Hoffmann

Wer nach der Mitte fragt, sich auf die Suche macht nach der Mitte, wird immer wieder auf jene Bilder stoßen, in denen die Menschen früherer Tage ihrer Sehnsucht und Hoffnung Ausdruck gegeben haben. Er wird sich, biblisch gewendet, immer wieder umsehen im Garten Eden, im Paradiesgarten und zugleich in der blühenden Wüste, mit der die Propheten den endzeitlichen Schalom zur Sprache bringen. Die gesamte Weltliteratur wie die Kunst kreisen letztlich um diese Frage, wer der Mensch ist auf der Suche nach der Mitte, auf der Suche nach sich selbst.

Nachdem im vorausgehenden Gottesdienst die Frage nach der Wahrheit mit der Frage nach der Mitte verknüpft worden ist, darf ich Sie ein wenig in die Ausstellung einführen. Ich werde keine Bilder, keine Kunstobjekte beschreiben. Sie selbst werden an den Bildern vorbei gehen oder davor stehen bleiben, angezogen von den Blautönen, die für die heute zu eröffnende Ausstellung so charakteristisch sind. Ich habe Frau Moll-Horstmann gefragt, ob sie zu Marc Chagall in die Lehre gegangen sei. Beide verbindet mit der Vorliebe für das Blau auch die Überzeugung, dass Kunst nicht abzubilden, nicht zu illustrieren hat, sondern eine Sehhilfe sein will, die vom Gesehenen hinführt zum Geschauten, zu neuen Einblicken, zu neuen Einsichten.

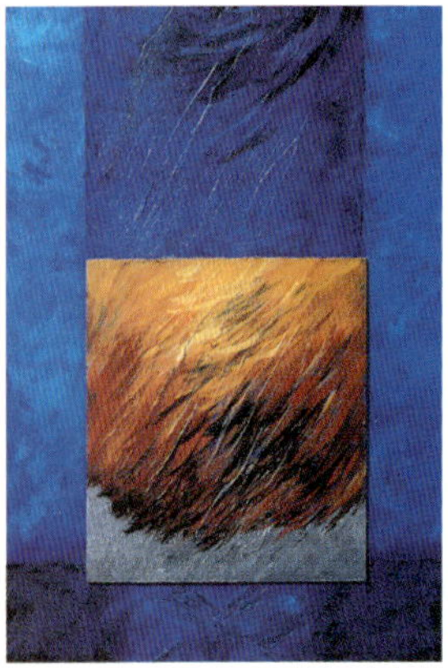

Ingrid Moll-Horstmann stammt aus Herne, hat aber in Trier die Schule besucht und auch hier das Abitur gemacht. Sie hat anschließend an der Hochschule für Bildende Künste in Düsseldorf bei Otto Pankok und Robert Pudlich studiert und dort das Staatsexamen für das Lehramt an Höheren Schulen abgelegt. Seit 1964 hat die Künstlerin einen Lehrauftrag an der Universität und Gesamthochschule Paderborn im Bereich Graphik. Viele Jahre hat sie dem farbigen Holzschnitt gewidmet. Es folgten die Glasmalerei, die textile Wandgestaltung und die Malerei mit ganz eigenen Ausdrucksformen. Zahlreich sind ihre Ausstellungen im profanen wie im kirchlichen Raum. Zwei Ausstellungen fanden auch in diesem Hause Anfang der achtziger Jahre statt.

Ingrid Moll-Horstmann beschäftigt sich mit der Frage, wo wir als Menschen angekommen sind, und wie es mit uns weiter geht. Es ist die Frage nach dem, was zerstört oder aufbaut, was aufatmen oder ersticken lässt. Es ist die Frage, woher wir Orientierung beziehen in einer Zeit zunehmender Individualisierung und Segmentierung. Es ist im Kern die religiöse Frage, die das Werk der Künstlerin durchzieht. Sie geht dabei ganz eigene Wege der künstlerischen Gestaltung gerade dieser Frage. Inhalt und Form entsprechen einander. Wie die Fragen in die Tiefe gehen und ihre Vielschichtigkeit behalten, so weisen auch die Kunstobjekte Tiefe auf. Die Künstlerin verwendet hierzu übereinandergelegte Holzplatten unterschiedlicher Stärke und unterschiedlicher Form. Es entstehen plastische Gebilde, die zugleich Einblick gewähren in ihren Werdegang. Die da und dort mit Sand vermischten Acrylfarben steigern zudem die plastische Wirkung. Manche Objekte erinnern an Modelle von Archäologen, die Schritt um Schritt in die Tiefe gehen und die erforschten Schichten im Modell sichtbar machen. Des weiteren laden die gestuften Blautöne der Exponate zur Vertiefung ein. Sie helfen, jene Tiefe auszuloten, die sich im Betrachter selbst auftut.

Wonach sucht nun der Mensch, wenn er nach der Mitte sucht, der verlorenen oder der erhofften? Immer wieder begegnen wir in den Exponaten der Ausstellung der Dreigliedrigkeit, der Zahlensymbolik nach also dem Ganzen, dem Umgreifenden, in dieser Wandelhalle gesteigert zu einem drei mal drei. Aber das umgreifend Ganze,

das Zusammengehörende, ist auseinander genommen, aufgebrochen, aufgespalten. Es entsteht eine Spannung, die das Bewußtsein des modernen Menschen andeutet:

- bei sich sein zu wollen und doch nicht zu sich zu kommen,
- der Erde anzugehören und zugleich auch dem Himmel,
- Schatten wahrzunehmen ohne sie wahrzunehmen, ernstzunehmen.

Eine sonderbare Fremdheit bestimmt das Lebensgefühl des modernen Menschen. Es ist die Erfahrung, im letzten nicht verstanden zu werden und sich nicht verständlich machen zu können, sagt Heinrich Böll gegen Ende seines Lebens.

Was also heißt: Die Mitte finden, der Wahrheit des Menschen, der Wahrheit um den Menschen auf die Spur kommen? Sie besteht darin, dass er nicht ist, was er aus sich macht, sondern sich dem verdankt, was ihn hat zu dem werden lassen, was er ist. Vertrauen ins Leben ist nicht machbar, es muss durch andere grundgelegt werden, durch jene, mit denen der Einzelne in Beziehung steht, vom ersten Tag seines Lebens an. Zur Mitte finden heißt dann aber auch anerkennen, dass wir uns als Menschen nicht willkürlich definieren können, sondern auf eine vorgegebene Mitte hingeordnet sind. »Du hast uns auf dich hingeschaffen«, sagt Augustinus, »und unruhig ist unser Herz, bis es Ruhe findet in Dir.« Mitte wird dort erfahren, wo Konzentration auf das Wesentliche stattfindet. Ein ungeheuerer Anspruch an den Menschen angesichts des Supermarktes an Möglichkeiten, der von den Medien propagiert wird. Mitte wird dort erfahren, wo wir uns als Menschen erfahren, begrenzt und dennoch frei, mit ungeahnten Möglichkeiten ausgestattet, aufeinander bezogen, miteinander auf dem Weg, von der Hoffnung beseelt, dass

nichts von dem verloren geht, was wir an Gutem erfahren und wirken.
So elementar die Fragen sind, die hinter dem Werk von Ingrid Moll-Horstmann stehen, so elementar sind die Zeichen, die sie verwendet: Kompositionen aus Feuer, Wasser, Erde und Licht. Besonders ansprechend ist in diesem Zusammenhang die Säule im Foyerbereich. Wasser und Wüste, dazu weitere Lebenszeichen: ein Fisch, das griechische Wort dazu, »Ichtys«, ein Kreuz und das Licht der Sonne. Der herabfallende Wasserstrom erinnert an das, was ich gerne »Sinaitapete« nenne: bunte Sandsteinwände, eingefärbt durch Mineralien wie Mangan, Kupfer, Eisen und Schwefel, in Jahrmillionen kunstvoll gestaltet.
Von der Wassersäule, Wüstensäule, Lebenssäule im Foyerbereich gehen wir hinauf in die Kapelle. Im Vorraum drei begehbare Bilder. Auf der Vorderseite vertikal, auf der Rückseite horizontal dreimal durchbrochen. Hinweis auf das zentrale architektonische Symbol der Kapelle des Robert-Schuman-Hauses, Hinweis auf den Durchbruch am Ende des Weges, der ein Symbol für Christus ist. Auch hier laden die Blautöne zum Verweilen ein, Blautöne, die zugleich

für die Symbolik des Wassers stehen, das in absehbarer Zeit im Vorraum der Kapelle sichtbar, fühlbar und vielleicht begehbar wird, an die Nacht des Aufbruchs und an die Taufe erinnert. Am Weg entlang, im Chorraum der Kapelle, biblische Motive, Erinnerung an zentrale Ereignisse der Wüstenzeit Israels. Die Erinnerung an die Selbstkundgabe Gottes am Sinai im Zeichen des brennenden Dornbusches: »Ich habe das Elend meines Volkes gesehen und will es nicht länger mitansehen«, und die Zehn Worte zum Leben, damit die geschenkte Freiheit nicht wieder verspielt wird. Orientierungshilfen in jenen Bewährungsfeldern menschlicher Geschichte und menschlicher Existenz, in denen es um Leben oder Tod geht, um Gelingen oder Scheitern, um Glück oder Unglück. Ganz nah am Durchbruch, an der Stirnwand der Kapelle, eine strahlende Sonne, die nur zu Teilen auf der Bildfläche festgehalten werden kann, wie wir auch sonst nichts von dem, was lebendig erhält, festhalten können. Darüber miteinander ins Gespräch zu kommen, regt diese Ausstellung von Ingrid Moll-Horstmann an.

Vincent-Paul Toccoli: Der Zen-Garten

Eine innere Architektur

Einführung von Herbert Hoffmann

Um den Zen-Garten zu verstehen, muss man die Geschichte des Buddhismus zurückverfolgen bis ins 12. Jahrhundert, als er in Yamato, im alten Japan, heimisch wurde. Der Japaner ist von Hause aus ein Shintoist. Shinto bedeutet »Weg der Götter«. Der Shintoist ist also jemand, der den Weg der Götter geht, was immer er sonst denken, reden oder tun mag. So darf ein Japaner sich zum Beispiel taufen lassen, am Gottesdienst teilnehmen oder in den verschiedensten buddhistischen Tempeln Zeremonien beiwohnen, für die japanische Gesellschaft ist und bleibt er

陽の庭

ein Shintoist. Und auch er selbst fühlt sich als ein solcher, ob er durchs Land wandert oder an der Ozeanküste entlang geht, ob er unter Kirschblüten sitzt oder unter Kryptomeren einhergeht, alles ist von einer stillen Anbetungshaltung, von einer innerlichen Meditationsatmosphäre geprägt. Der Natur nah sein heißt für ihn, den Göttern nah sein, die irgendwann zu Menschen geworden sind, zu Japanern. Der Weg der Götter ist der Weg der Menschen und umgekehrt.

Die buddhistische Meditation, unter dem Namen Zen bekannt, hat in Japan eine Kulturrevolution in Gang gesetzt: Leben, denken und beten, gehen und kommen, sich in Worten, in Tönen und im Tanz ausdrücken, bauen, bildhauerisch tätig sein, Krieg führen und alles künstlerische Tun war von Zen durchdrungen. Vor allem der Zen-Garten verdankt seine Existenz einer starken Wechselwirkung zwischen Buddhismus und Shintoismus. Zen wird von Buddha selbst als Kernstück des neuen Weges angesehen aber auch immer wieder durch spekulative Schriften verdrängt.

Die historische Herkunft des Zen-Gartens

Bereits der Shinto-Tempel hatte vor dem Haupteingang einen offenen Hof mit einigen Treppen, die zu einer Art Veranda führten, der EN oder ENGAWA, einem den ganzen Tempel umgebenden Korridor. Der kleine Hof mit seinen weißen Kieseln diente als Bühne für religiöses Theater, das zu bestimmten Zeremonien aufgeführt wurde. Im übrigen war er der Bereich der Götter, die hier den Menschen nahe waren, ganz real im Vollzug der Darstellung. Nachdem sich im 13. Jahrhundert der Hof der Ashikaga Shogun und deren Samurai in Kamakura niedergelassen hatte, sorgte ein aus China kommender buddhistischer Mönch für das Aufblühen der buddhistischen Meditation, des Zen. Es entstanden riesige Tempel und Klöster. Aber auch private Wohnhäuser wurden in kleine Klöster umgebaut: quadratische, einstöckige Konstruktionen, manchmal mit einem kleinen Innenhof, oft mit ein bis zwei flachen Gartenflächen nach außen. Das Ganze war umgeben von einer mittelhohen Wand, eine Wohnung für etwa zehn Mönche, deren »Hauptbeschäftigung« in der Meditation bestand. So entsteht der Zen-Garten. Er wird zum Mittel und zum Schlüssel einer neuen Wahrnehmung, einer neuen Betrachtung des Universums und seiner Vergänglichkeit. Der Garten wird wie ein Spiegel oder eine Maske zum Medium einer neuen Annäherung an das Diesseits und das Jenseits, an das Sichtbare und das Unsichtbare. Der Widerspiegelungsprozess macht die Lebensart bewusst, Vision und Illusion.

Der Zen-Garten – Kare Sansui
(kare = trocken; san = Berg; sui = Wasser)

ist zunächst eine Landschaft, in der Teile der Natur durch andere ersetzt werden: Wasser durch Sand, Kiesel oder Steine, Inseln (horai) durch künstliche Hügel (tsukiyama). Der Zen-Garten kann aber auch eine glatte Ebene mit mittelgroßen Steinen sein oder ein Tempelgarten, der nicht betreten werden darf, aber mit einem Blick erfasst werden kann. Es geht darum, in das Innere der Dinge vorzudringen, hineinzuschauen in das Innere der Herzen, der geistlichen Existenz. Es geht darum, die verborgene Wahrheit und Echtheit zu erschauen. Im Zen-Garten gibt es weder eine Blume noch einen Fußabdruck. Der Mensch findet sich dagegen wieder im Prozess der Steine, in der Spur des Rechens und in der Art der Zeichen. Es geht darum, von der Natur zu lernen, sie nicht nachzuahmen, sondern zu deuten.
Der Zen-Garten führt hinein in das Geheimnis, das der Mensch sich selbst ist. Die weiße Leere des Kiesels weist über sich hinaus, aktiviert die Phantasie und das Unbewusstsein. Der Zen-Garten vermittelt zwischen der sichtbaren Identität und dem Menschen selbst. Er übernimmt auch die Rolle eines Katalysators zwischen Gruppen.
Der Meditierende setzt sich vor den leeren Raum, im Rücken die Veranda als Abgrenzung von der Welt. Indem er den Garten betrachtet, wird er sich seiner Selbst bewusst, seiner eigentlichen Natur, die darin besteht, auf dem Weg der Verklärung zu sein. Über solche Konzentration entwickeln sich sittliches Empfinden und Weisheit.

Der Zen-Garten wird als Verlängerung der menschlichen Wohnung verstanden, die Wohnung als Verlängerung des Gartens. Jedes Element darin hat seine eigene Präsenz: der Stein, der Busch, das winzige Kieselstück, der Baum, die kleine Wand, der Brunnen, die Laterne und das Holz, die Veranda und der Pfeiler. Alle Elemente bewohnen diesen Raum, in dem der Mensch selbst zu einem »Element« mit den anderen wird. Der Garten gilt nicht als Ort an sich, sondern als Raum von Metaphern, als symbolischer Raum. Sehen heißt immer zugleich auf Distanz bleiben. Ein und dasselbe gehört zugleich der Außen- und der Innenwelt an.

Kunst in einer Gartenlandschaft

Exkursion: Insel Hombroich

von Herbert Hoffmann

Dass Gärten zum Verweilen und zur Erholung einladen, ist bekannt. Dies gilt für die Unberührten wie für die Kultivierten. Wo aber Menschen Hand angelegt haben, nach eigenen Wünschen und Vorstellungen einen Garten angelegt haben, dort begegnen wir nicht nur dem natürlichen Zyklus des Werdens und Vergehens, sondern Hoffnungen und Überzeugungen, die weit darüber hinausgehen. Bereits im Paradiesgarten (Gen 1-3) begegnen wir der Frage nach der Größe und nach dem Elend des Menschen. Freiheit und Verwiesenheit sind keine Gegensätze. Frau und Mann stehen sich als Partner gegenüber. Gemeinsam erhalten sie den Auftrag, den Garten zu behüten und zu bebauen (Gen 2,15).

In ähnlicher Weise ist die Insel Hombroich bei Neuss am Rhein ein Stück ursprünglicher und unberührter Natur, in der mehrere Galerien mit überwiegend zeitgenössischer Kunst zum Verweilen und zum Bedenken einladen. Der folgende Text stützt sich auf Auszüge aus einer Einführung von Bernhard Korte (Insel Hombroich, Analogien zwischen Kunst und Natur, Düsseldorf 1988). Er führt mit einem Wort von Ernesto Grassi ein: »Der Genuss, den die Landschaft hervorruft, erscheint uns wie ein sicherer Hafen. Wenn wir zum Beispiel die Mühe des Denkens, seine Enttäuschungen, das Erlebnis seiner Ohnmacht nicht mehr aushalten, so flüchten wir in den unmittelbaren Genuss der Landschaft: ein theoretisches Problem aus ihr zu konstruieren, würde uns normalerweise absurd anmuten. Aber das ist eine Täuschung. Landschaft entsteht nur dort, wo unsere Phantasie am Werk ist, das heißt dort, wo das, was sich unseren Sinnen zeigt, auf eine menschliche Sinndeutung, auf unser momentanes Befinden, auf unsere Fragen und Leidenschaften zurückgeführt wird.«

Über die nach 1983 von Professor Erwin Heerich erbauten Galerien schreibt Bernhard Korte:

»Wie die Natur sind sie Hilfestellungen zur Sinnenerfahrung. Es sind über eine körperhafte Sinnenerfahrung zugängliche Gebäude ohne Behälterfunktion. Die Baumaßnahmen im Landschaftschutzgebiet mussten schonend für die Natur durchgeführt werden. Die Entscheidung für einen Standort wurde intuitiv, tastend pragmatisch getroffen. Für das Gebäude mit der verglasten Südfront und der zur Mitte gefalteten Dachform fand sich der Standort leicht und als erster. In den Ausmaßen kam das neue Gebäude einer an dieser Stelle schon bestehenden Orangerie gleich. Das baufällige Gebäude wurde abgetragen, die neue ›Orangerie‹ ertrinkt wie die alte in dem sie umgebenden Großbaumbestand. …

Das zweite Gebäude besteht grundrisslich aus einem zwölf Meter messenden Kreis, in den ein kleinerer Kreis hineingeschoben ist. Das Gebäude hat eine sinnfällige Anbindung an die geländemäßige Umgebung durch das Anschneiden eines Großkreises. Er ist gebildet durch den Fuß einer künstlichen Erderhebung. Ihre geometrische Form ist die eines Kegelstumpfes, ähnlich den frühmittelalterlichen Motten der Niederrheinlandschaft. Sie wurde im Park Hombroich um 1900 aufgeschüttet zur isolierenden Abdeckung eines Eiskellers.

Ihre Plattform trug einen nicht mehr vorhandene Windharfe. Heute ist es

ein mystischer Platz aus ringförmigen Buxusbestand mit Götterbildern, Blumenopfern und durch vom Winde gespielten Instrumenten. Die sakrale Stimmung setzt sich im Gebäude fort. Im Sprachgebrauch heißen die Gebäude von Prof. Heerich Kapellen in der Landschaft. …

Das Element Wasser der vorbeiströmenden Erft gleicht in der Spiegelung und der plastischen Ausformung dem gebogenen Glaskörper.

Das dritte, zuletzt fertiggestellte Gebäude ist eine Bezirksmauer. Man tritt aus der übersichtlichen Graslandschaft durch das Gebäude aus kreißendem Weiß über eine den Erftumlauf überspannende Brücke in den vegetabil versponnenen Park aus Braun- und Grüntönen. Das äußerst schmale und langgestreckte Gebäude eifert himmelragend mit den auf den Seiten stehenden Italienischen Pappelsäulen und Fichtenkegeln. Durch die entgegengesetzten Glasdachneigungen fängt sich das

kühle silberne Nordlicht ein und kontrastiert zum goldenen Südlicht des Gebäudeteils, dessen Glasdach nach Süden zum Park ausgerichtet ist. …
Der Standort für das Hauptgebäude der Insel Hombroich, das Labyrinth, wurde in einer dominanten Talmittellage gefunden. Der Landschaftsschutz versprach sich von einer totalen Verwandlung des Gebäudegeländes den Vorteil einer ungestörten Landschaft. In Anlehnung an die Heckendörfer der Eifel, wie in Höfen oder Kalterherberg, wurde eine strenge Hainbuchenhecke in Höhe des Gebäudes akzeptiert. Sie umgibt exakt winkling das vierzig mal vierzig Meter messende Hauptgebäude mit vierundvierzig mal vierundvierzig Metern. Vier unregelmäßig gelegte Heckenausgänge entsprechen den vier regelmäßig gesetzten Gebäudeausgängen. Der Labyrinthgedanke setzt sich nach außen fort. In Abständen von einem Meter wurden einhundertsechzig Hainbuchenheister gepflanzt, die schon eine Durchschnittshöhe von viereinhalb Metern hatten. Durch Verflechten wurden die Seitenzweige in die Saftwaage gelegt, um eine schnelle Verdichtung der Hecke zu erreichen. Dazu steht parallel in der Waage das Klinkerfugenbild. …
Ist für den Menschen des archaischen Gesellschaftstypus das Labyrinth der Ort der Verstrickung und der Täuschung, der Sinnestrübung, so setzt sich in den Gängen zwischen Hecke und Mauerwerk in der strengen engen Parallelität dieser Sog des Nichterkennens fort, da die Dinge sich ähneln. So geht die Fähigkeit verloren, die Dinge zu unterscheiden. Aus dem Schutzbedürfnis vor den kalten Winterwinden der Hocheifel entstanden die Buchenhecken von Höfen und Kalterherberg. Das reizvolle architektonische Moment ergibt sich. Vordergründig ist das Sichwehren. Täuschungen ergeben sich sowohl aus der alleinigen Sinnenerfahrung als auch aus dem Vorgang des ausschließlich rationalen Erkennens. Es ist die Ungleichgewichtigkeit zwischen beiden Bereichen, die Täuschungen fördert.«

Gärten ohne Grenzen

Exkursion: Barockgarten in Perl

von Hella Kreiselmeyer

Innerhalb des Saar-Lor-Lux-Raumes ist das Dreiländereck an der Mosel nicht nur von geografischen, sondern auch von geschichtlichen und kulturellen Gemeinsamkeiten geprägt. Zu ihnen gehört die Pflege der Gartenkultur. Ein Freundeskreis »Gärten ohne Grenzen« ist seit Mitte der neunziger Jahre darum bemüht, im Grenzraum Saarland – Lothringen – Luxemburg die Gartenkultur neu zu beleben. Unter fachkundiger Anleitung wurden Gärten aus früheren Zeiten über Arbeitsbeschaffungsmaßnahmen wiederhergestellt, so die römischen Gärten in der Villenanlage von Borg (D), die Barockgärten in Perl (D) und Schengen (L), der Renaissancegarten in Nennig (D) und der Schlossgarten in Dagstuhl (D). Auch neue Gärten entstanden oder entstehen noch, so der Garten des Friedens in Bitche (F), der Staudengarten in Weiskirchen (D), der Bauerngarten in Tünsdorf (D), der Garten des Erwachens in Pange (F). Initiatorin des Projektes ist Hella Kreiselmeyer (Merzig).

Blickfang des Barockgartens in Perl ist das Wasserbecken und die zentrale Fontäne. Sie ist von aufgewölbten, buchsgesäumten Rabatten umgeben, deren Schmuckteppiche spiegelbildlich, jeweils an der Jahreszeit orientiert, bepflanzt werden. Der Barockgarten in Perl korrespondiert mit dem barocken Palais von Nell, ebenso mit der benachbarten alten Kapelle und Kirche.

Bildnachweis

Seite 10–11, 12, 13 Alain Simon
Seite 16, 19, 20, 23 Verlag
Seite 29, 31 Thierry Devaux
Seite 33, 35, 36 Bertrand Ney
Seite 38, 39, 40, 41, 42, 43, 44, 45,47 Anna Bulanda-Pantalacci
Seite 52, 53, 54, 56, 57, 58, 60, 61, 63 Franz Ronig
Seite 64, 65, 66, 67, 68 Ulrich Heinemann
Seite 69, 70–71, 74 Masao Matsui
Seite 75, 77 Museum Insel Hombroich, Erdmute Herzfeld
Seite 76, 78 Herbert Hoffmann
Seite 80–81 Hella Kreiselmeyer